Por que estudar
a mídia?

Leitura recomendada

Crítica da comunicação, 2ª ed.
L. Sfez

História da sociedade da informação
A. Mattelart

História das teorias da comunicação
A. Mattelart, M. Mattelart

Ideografia dinâmica, 2ª ed.
P. Lévy

Inteligência coletiva, 3ª ed.
P. Lévy

Pesquisa em comunicação, 6ª ed.
Mª. Immacolata Vessalo

Roger Silverstone

Por que estudar a mídia?

Tradução:
Milton Camargo Mota

Edições Loyola

Título original:
Why Study the Media?

Sage Publications Ltd
6 Bonhill Street – London EC2A 4PU
ISBN: 0-7619-6454-1

EDIÇÃO BRASILEIRA

Direção
Fidel García Rodríguez, SJ

Edição
Marcos Marcionilo

Preparação
Maurício B. Leal

Revisão
Rita de Cássia

Diagramação
Telma dos Santos Custódio

Edições Loyola
Rua 1822 nº 347 – Ipiranga
04216-000 São Paulo, SP
Caixa Postal 42.335 – 04218-970 – São Paulo, SP
: (0**11) 6914-1922
: (0**11) 6163-4275
Home page e vendas: www.loyola.com.br
Editorial: loyola@loyola.com.br
Vendas: vendas@loyola.com.br

ISBN: 85-15-02464-0

Para Jennifer, Daniel, Elizabeth e William

Sumário

Prefácio e agradecimentos

Como começar? Agora que terminei. Talvez relendo minha proposta inicial. Para relembrar o que me propus fazer. E não fazer.

Este era para ser um livro sobre a mídia, mas não sobre os estudos da mídia, pelo menos não como muitas vezes são vistos. Era para ser um livro que debatesse a importância central da mídia na cultura e na sociedade no novo milênio. Era para ser um livro que levantasse questões difíceis e tentasse definir diversos procedimentos para os que se preocupam com a mídia; mas não procuraria respostas demais. Abertura, em vez de fechamento, era nossa meta.

Não podemos escapar à mídia. Ela está presente em todos os aspectos de nossa vida cotidiana. Essencial a esse projeto como um todo era o desejo de pôr a mídia no cerne da experiência, no coração de nossa capacidade ou incapacidade de compreender o mundo em que vivemos. Essencial também era o desejo de reclamar para o estudo da mídia uma posição intelectual aceitável num mundo que não hesita em repudiar a seriedade e a pertinência de nossas preocupações.

Queria que o estudo da mídia se destacasse destas páginas como uma tarefa humanista, mas também humana. Devia ser humanista em sua preocupação com o indivíduo e com o grupo. Era para ser humana no sentido de estabelecer uma lógica distinta, sensível a especificidades históricas e sociais e que recusasse as tiranias do determinismo tecnológico e social. Ele tentaria navegar na fronteira entre as ciências sociais e as ciências humanas.

Acima de tudo, o livro foi talvez concebido como um manifesto. Eu queria definir um espaço. Engajar-me com os que estão fora de meu próprio discurso, em algum lugar na academia ou no mundo além dela. Era a hora, pensava, de levar a mídia a sério.

O estudo da mídia precisa ser crítico, relevante. Deve criar e manter certa distância entre si e seu objeto. Precisa mostrar que é pensante. Espero que as páginas seguintes satisfaçam, pelo menos em algum grau, a esses exigentes requisitos.

Mas, se o projeto tiver êxito, mesmo parcial, em cumprir seus objetivos, então, como qualquer outra coisa, será porque inúmeras pessoas, colegas e alunos, contribuíram de maneira direta e indireta para ele. Deixem-me citá-los, com gratidão: Caroline Bassett, Alan Cawson, Stan Cohen, Andy Darley, Daniel Dayan, Simon Frith, Anthony Giddens, Leslie Haddon, Julia Hall, Matthew Hills, Kate Lacey, Sonia Livingstone, Robin Mansell, Andy Medhurst, Mandy Merck, Harvey Molotch, Maggie Scammell, Ingrid Schenk, Ellen Seiter, Richard Sennett, Bruce Williams, Janice Winship e Nancy Wood. Nenhum deles, é claro, tem responsabilidade pelos erros e infelicidades que podem ter restado.

1

A textura da experiência

Talk show vespertino de Jerry Springer, 22 de dezembro de 1998. Reprisado pela enésima vez no canal via satélite UK Living. Ele fala com homens que trabalham como mulheres. Duas fileiras de travestis e transexuais discutem suas vidas, suas relações e seu trabalho. São atormentados pela audiência televisiva. Ouvem perguntas sobre ter filhos. Um casal troca alianças: "Afinal, nunca fizemos isso antes e é uma transmissão em rede nacional". Jerry conclui com uma homilia sobre a normalidade e a falta de seriedade desse tipo de comportamento, fazendo sua audiência lembrar-se de Milton Berle e de *Some like it hot* (Quanto mais quente melhor), de performances de uma época mais inocente, em que se vestir com roupas do sexo oposto não era visto como algum tipo de perversão.

Um momento de televisão. Explorador mas também explorável. Momento facilmente esquecido, uma partícula subatômica, uma cabeça de alfinete no espaço midiático, mas agora mencionado, notado, sentido, fixado, nem que seja apenas aqui nesta página. Um momento de televisão que foi local (todos os personagens trabalhavam num restaurante temático de Los Angeles), nacional (originalmente transmitido nos Estados Unidos) e global (chegou até aqui). Um momento de televisão arranhando a superfície da sensibilidade suburbana, tocando as margens, a base.

No entanto, um momento de televisão que servirá perfeitamente. Ele representa o ordinário e o contínuo. Em sua unicidade, é absolutamente típico — um elemento na constante mastigação da cultura cotidiana pela mídia; seus significados dependem de saber se realmente o notamos, se ele nos toca, choca, repugna ou atrai, enquanto entramos, atravessamos e saímos do ambiente midiático cada vez mais insistente e intenso. Ele se oferece ao espectador de passagem e aos anunciantes que solicitam sua atenção, talvez com desespero cada vez maior. E também se oferece a mim como o ponto de partida de uma tentativa de responder à pergunta: por que estudar a mídia? E o faz contrariando as expectativas, é claro, mas também de modo muito natural, pois levanta inúmeras questões que não podem ser ignoradas, questões que emergem do simples reconhecimento de que nossa mídia é onipresente, diária, uma dimensão essencial de nossa experiência contemporânea. É impossível escapar à presença, à representação da mídia. Passamos a depender da mídia, tanto impressa como eletrônica, para fins de entretenimento e informação, de conforto e segurança, para ver algum sentido nas continuidades da experiência e também, de quando em quando, para as intensidades da experiência. O funeral de Diana, Princesa de Gales, é um exemplo característico.

Posso notar as horas que o cidadão global passa em frente da televisão, ao lado do rádio, folheando jornais e, cada vez mais, surfando na Internet. Posso notar também como essas figuras variam globalmente de Norte a Sul e dentro dos países, de acordo com os recursos materiais e simbólicos. Posso notar quantidades: vendas globais de *software*, variações na freqüência de salas de cinema e no aluguel de fitas de vídeo, propriedade pessoal de computadores de mesa. Posso refletir sobre padrões de mudança e, talvez de maneira bastante precipitada, sobre arriscadas projeções de futuras tendências de consumo. Mas ao fazer tudo isso, ou algumas dessas coisas, estou apenas patinando na superfície da cultura da mídia, superfície muitas vezes suficiente para os que se preocupam em vender, mas claramente insuficiente para quem se interessa pelo que a mídia faz, como também pelo que fazemos com ela. E é insuficiente se queremos compreender a intensidade e a insistência de nossas vidas com nossa mídia. Por esse motivo, temos de transformar quantidade em qualidade.

Quero mostrar que é por ser tão fundamental para nossa vida cotidiana que devemos estudar a mídia. Estudála como dimensão social e cultural, mas também política e econômica, do mundo moderno. Estudar sua onipresença e sua complexidade. Estudá-la como algo que contribui para nossa variável capacidade de compreender o mundo, de produzir e partilhar seus significados. Quero mostrar que deveríamos estudar a mídia, nos termos de Isaiah Berlin, como parte da "textura geral da experiência", expressão que toca a natureza estabelecida da vida no mundo, aqueles aspectos da experiência que tratamos como corriqueiros e que devem subsistir para vivermos e nos comunicarmos uns com os outros. Há muito, os sociólogos se preocupam com a natureza e a qualidade dessa dimensão da vida social, em sua possibilidade e em sua continuidade. Os historiadores também, ao menos na visão de Berlin, não podem deixar de depender dela, pois seu trabalho — como todos das ciências humanas — depende, por sua vez, da capacidade que eles têm de refletir sobre o outro e de compreendê-lo.

A mídia agora é parte da textura geral da experiência. Se incluíssemos a linguagem como uma mídia, isso não mudaria e teríamos de tomar as continuidades da fala, da escrita, da representação impressa e audiovisual como indicadores do tipo de respostas que procuro para minha pergunta, pois sem atenção às formas e aos conteúdos, às possibilidades da comunicação, tanto dentro do tido-por-certo de nossas vidas cotidianas como contra ele, não conseguiremos compreender essas vidas. Ponto.

A caracterização de Berlin é, claro, principalmente metodológica. O "por quê?" necessariamente implica o "como". A história deve ser um empreendimento humanista, não científico em sua busca por leis, generalizações ou fechamento teórico, mas uma atividade baseada no reconhecimento da diferença e da especificidade e numa percepção de que os afazeres dos homens (como a imaginação liberal é tragicamente baseada em gênero sexual!) requerem uma espécie de compreensão e explicação algo afastadas dos preceitos kantianos e cartesianos de racionalidade e razão puras. Minha reivindicação para o estudo da mídia seguirá esse caminho, e também ocasionalmente retornarei a seus métodos.

Berlin também fala do tipo apropriado de explicação relacionado à análise moral e estética:

> na medida em que ela pressupõe conceber os seres humanos não apenas como organismos no espaço cujo comportamento apresenta regularidades que podem ser descritas e encerradas em fórmulas que poupam trabalho, mas como seres ativos, que perseguem fins, moldam sua vida e a dos outros, sentem, refletem, imaginam, criam, em constante interação e intercomunicação com outros seres humanos; em suma, envolvidos em todas as formas de experiência que compreendemos porque as compartilhamos e não as vemos puramente como observadores externos. (Berlin, 1997, p. 48)

Sua confiança numa noção de nossa humanidade compartilhada é tocante e está, talvez, em desacordo com a sabedoria contemporânea que recebemos; mas sem ela estamos perdidos e o estudo da mídia se torna uma impossibilidade. Isso também vai inspirar minha análise. Mais tarde voltarei a esse tópico.

Há outras metáforas nas tentativas de compreender o papel da mídia na cultura contemporânea. Já pensamos nela como condutos, que oferecem rotas mais ou menos imperturbadas da mensagem à mente; podemos pensar nela como linguagens, que fornecem textos e representações para interpretação; ou podemos abordá-la como ambientes, que nos abraçam na intensidade de uma cultura midiática, saciando, contendo e desafiando sucessivamente. Marshall McLuhan vê a mídia como extensões do homem, como próteses, que aumentam o poder e a influência, mas que talvez (e é provável que ele tenha pensado assim) tanto nos incapacitam como nos capacitam, enquanto nós, objetos e sujeitos da mídia, nos enredamos mais e mais no profilaticamente social.

De fato, podemos pensar na mídia como profilaticamente social na medida em que ela se tornou sucedâneo das incertezas usuais da interação cotidiana, gerando infinita e insidiosamente os *como se* da vida cotidiana e criando cada vez mais defesas contra as intrusões do indesejável e do ingovernável. Grande parte de nossa preocupação pública com os efeitos da mídia concentra-se nesse aspecto do que vemos e tememos, especialmente, na nova mídia: que ela substituirá a sociabilidade ordinária e que estamos criando, sobretudo por meio de nossos filhos homens, e muito especialmente por meio da classe operária masculina e dos meninos negros (que continuam a ser o *locus* da maior parte de nosso pânico moral), uma raça de viciados na telinha. Apesar de sua ambivalência, Marshall McLuhan (1964) não vai tão longe. Pelo contrário. Mas sua visão da cultura ciborgue precede a de Donna Haraway (1985) em cerca de vinte anos.

Essas metáforas são úteis. Sem elas estamos condenados a uma visão obscura da mídia, como através de um vidro. Mas, a exemplo de todas as metáforas, a luz que lançam é parcial e efêmera; precisamos ir além dela. Meu propósito é justamente esse. Para responder à minha pergunta teremos de investigar as maneiras como a mídia participa de nossa vida social e cultural contemporânea. Precisaremos examinar a mídia como um processo, como uma coisa em curso e uma coisa feita, e uma coisa em curso e feita em todos os níveis, onde quer que as pessoas se congreguem no espaço real ou virtual, onde se comunicam, onde procuram persuadir, informar, entreter, educar, onde procuram, de múltiplas maneiras e com graus de sucesso variáveis, se conectar umas com as outras.

Entender a mídia como um processo — e reconhecer que o processo é fundamental e eternamente social — é insistir na mídia como historicamente específica. A mídia está mudando, já mudou, radicalmente. O século XX viu o telefone, o cinema, o rádio, a televisão se tornarem objetos de consumo de massa, mas também instrumentos essenciais para a vida cotidiana. Enfrentamos agora o fantasma de mais uma intensificação da cultura midiática pelo crescimento global da Internet e pela promessa (alguns diriam ameaça) de um mundo interativo em que tudo e todos podem ser acessados, instantaneamente.

Entender a mídia como processo também implica um reconhecimento de que ele é fundamentalmente político ou talvez, mais estritamente, politicamente econômico. Os significados oferecidos e produzidos pelas várias comunicações que inundam nossa vida cotidiana saíram de instituições cada vez mais globais em seu alcance e em suas sensibilidades e insensibilidades. Pouco oprimidas pelo peso histórico de dois séculos de avanço do capitalismo e desconsiderando cada vez mais o poder tradicional dos Estados nacionais, elas estabeleceram uma plataforma, é forçoso admitir, para a comunicação de *massa*. Esta ainda é, apesar de sua diversidade e de sua flexibilidade progressivas, a forma dominante dessa comunicação. Ela constrange e invade culturas locais, mesmo que não as subjugue.

Os movimentos nas instituições dominantes da mídia global são de escala tectônica: erosão cultural gradual e, de repente, deslocamentos sísmicos quando multinacionais emergem do mar, feito novas cordilheiras, enquanto outras afundam e, como a Atlântida, são apenas miticamente lembradas como, outrora, talvez relativamente benevolentes. O poder dessas instituições, o poder de controlar as dimensões produtivas e distributivas da mídia contemporânea e a debilitação correlativa e progressiva de governos nacionais em controlar o fluxo de palavras, imagens e dados dentro de suas fronteiras nacionais são profundamente significantes e indiscutíveis. É um traço fundamental da cultura da mídia contemporânea.

Grande parte do debate atual baseia-se numa noção da velocidade dessas diversas mudanças e desenvolvimentos, mas confunde a velocidade da mudança tecnológica ou, realmente, da mudança da mercadoria com a velocidade da mudança social e cultural. Há uma tensão constante entre o tecnológico, o industrial e o social, tensão que deve ser levada em conta se queremos reconhecer a mídia como, de fato, um processo de mediação. Pois há poucas linhas diretas de causa e efeito no estudo da mídia. As instituições não produzem significados. Elas os oferecem. As instituições não apresentam uma mudança uniforme. Elas têm ciclos de vida diversos e histórias diferentes.

Mas então nos confrontamos com outra questão, depois com outra e mais outra. O que medeia a mídia? E como? E com quais conseqüências? Como entender a mídia como conteúdo e forma, visivelmente caleidoscópica, invisivelmente ideológica? Como avaliar os modos pelos quais se travam as batalhas pela mídia e dentro dela: batalhas pela posse e pelo controle tanto de instituições como de significados; por acesso e participação; por representação; batalhas que impregnam e afetam nosso senso uns dos outros, nosso senso de nós mesmos?

Estudamos a mídia porque queremos respostas a essas questões, respostas que sabemos que não podem ser conclusivas e que, de fato, não devem sê-lo. Por mais atraente que seja e muitas vezes superficialmente convincente, não se pode obter uma única teoria da mídia. De fato, seria um tremendo erro tentar encontrar uma. Um erro político, intelectual e moral. Mas ao mesmo tempo nossa preocupação *com* a mídia é sempre igualmente uma preocupação *pela* mídia. Queremos aplicar o que passamos a compreender, envolver-nos com os que poderiam estar em posição de responder, queremos encorajar a reflexibilidade e a responsabilidade. O estudo da mídia dever ser uma ciência relevante e também humanista.

Minhas respostas, portanto, à minha própria pergunta vão se basear numa noção dessas complexidades, ao mesmo tempo substantivas, metodológicas e, no mais amplo sentido, morais. Estou lidando, afinal, com seres humanos e suas comunicações, com linguagem e fala, com o dizer e o dito, com reconhecimento e mal-reconhecimento e com a mídia vista como intervenções técnicas e políticas nos processos de compreensão.

Daí o ponto de partida. A experiência. A minha e a sua. E sua ordinariedade.

A pesquisa na mídia muitas vezes preferiu o significante, o evento, a crise, como fundamento de sua investigação. Já olhamos as perturbadoras imagens de violência e de exploração sexual e tentamos avaliar seus efeitos. Focamos os eventos-chave da mídia, como a Guerra do Golfo, ou os desastres, tanto os naturais como os causados pelo homem, a fim de explicar o papel da mídia no controle da realidade ou no exercício do poder. Também focamos os grandes cerimonais públicos de nossa era para explorar seu papel na criação da comunidade nacional. Isso tudo é relevante, pois sabemos, desde Freud, o quanto a investigação do patológico, ou mesmo do exagerado, revela sobre o normal. Mas uma atenção contínua ao excepcional provoca interpretações errôneas inevitáveis. Pois a mídia é, se nada mais, cotidiana, uma presença constante em nossa vida diária, enquanto ligamos e desligamos, indo de um espaço, de uma conexão midiática, para outro. Do rádio para o jornal, para o telefone. Da televisão para o aparelho de som, para a Internet. Em público e privadamente, sozinhos e com os outros.

É no mundo mundano que a mídia opera de maneira mais significativa. Ela filtra e molda realidades cotidianas, por meio de suas representações singulares e múltiplas, fornecendo critérios, referências para a condução da vida diária, para a produção e a manutenção do senso comum. E é aqui, no que passa por senso comum, que devemos fundamentar o estudo da mídia. Para poder pensar que a vida que levamos é uma realização contínua, que requer nossa participação ativa, embora muitas vezes em circunstâncias que nos permitem pouca ou nenhuma escolha e nas quais o melhor a fazer é simplesmente "arranjar-se". A mídia nos deu palavras para dizer, as idéias para exprimir, não como uma força desencarnada operando contra nós enquanto nos ocupamos com nossos afazeres diários, mas como parte de uma realidade de que participamos, que dividimos e que sustentamos diariamente por meio de nossa fala diária, de nossas interações diárias.

O senso comum, obviamente nem singular nem inconteste, é por onde devemos começar. O senso comum, tanto expressão como precondição da experiência. O senso comum, compartilhado ou ao menos compartilhável e medida, muitas vezes invisível, de quase todas as coisas. A mídia depende do senso comum. Ela o reproduz, recorre a ele, mas também o explora e distorce. Com efeito, sua falta de singularidade fornece o material para as controvérsias e os assombros diários, quando somos forçados — em grande medida pela mídia e, cada vez mais, talvez apenas pela mídia — a ver, a encarar os sensos comuns e as culturas comuns dos outros. O medo da diferença. O horror da classe média às páginas da imprensa marrom e dos tablóides. A rejeição precipitada e, como se pode argumentar, filistina do estético ou do intelectual. Os preconceitos de nações e gêneros. Os valores, atitudes, gostos, as culturas de classes, as etnicidades etc., reflexões e constituições da experiência e, como tais, terrenos-chave para a definição de identidades, para nossa capacidade de nos situar no mundo moderno. Além disso, é pelo senso comum que nos tornamos aptos, se é que de fato nos tornamos, a partilhar nossas vidas uns com os outros e distingui-las umas das outras.

Essa capacidade para a reflexão — de fato, sua fundamental importância — tem sido notada com freqüência suficiente por aqueles que procuram definir as características da modernidade e da pós-modernidade, mas suas próprias reflexões tendem a ver a virada reflexiva mais ou menos exclusivamente nos textos de especialistas da filosofia ou da ciência social. Quero reivindicá-la também para o senso comum e, de tempos em tempos, até mesmo, ou talvez especialmente, para a mídia. A mídia é essencial a esse projeto reflexivo não só nas narrativas socialmente conscientes da novela, no *talk show* vespertino ou no programa de rádio com participação do ouvinte, mas também nos programas de notícias e atualidades, e na publicidade; como que através das lentes múltiplas dos textos escritos, dos audiotextos e dos textos audiovisuais, o mundo é apresentado e representado: repetida e interminavelmente.

Que outras qualidades poderíamos atribuir à experiência no mundo contemporâneo e ao papel da mídia nela?

Perdoem-me se recorro a metáforas espaciais para tentar começar uma resposta, mas me parece que o espaço fornece a estrutura mais satisfatória para abordar a questão. O tempo também, é claro; mas o tempo —, e isso agora é um lugar-comum na teoria pós-moderna — já não é o que era. Não mais uma série de pontos, não mais claramente demarcado por distinções de passado, presente e futuro, não mais singular, compartilhado, resistente. Podemos dizer tudo isso, sabendo contudo que o dispensar dessa maneira não é totalmente certo, ou é no mínimo prematuro; sabendo que a vida é vivida no tempo e finita; sabendo também que a seqüência é ainda fundamental, que o tempo não é reversível (exceto, claro, na tela) e que histórias ainda podem ser contadas. Sabemos que levamos nossas vidas através de dias, semanas e anos; vidas marcadas pelas reiterações de trabalho e lazer, pelas repetições do calendário e pelas *longues durées* da história mal notada e talvez progressivamente esquecível. No entanto, a mídia tem de responder por muita coisa, especialmente a última geração da mídia computadorizada, pois enquanto a radiodifusão foi sempre baseada no tempo, mesmo que o conteúdo dos programas não o fosse, o jogo de computador é infinito e a Internet, imediata. Como Lewis Carrol poderia ter indagado: pode o tempo sobreviver a semelhante surra?

Então é do espaço que devemos tratar, pelo menos por enquanto. E espaço em múltiplas dimensões, admitindo talvez que o espaço é, ele mesmo, como sugere Manuel Castells (1996), nada mais que tempo simultâneo. Deixem-me propor (e esta não é uma idéia original) que pensemos em nós mesmos em nossa vida cotidiana e em nossa vida com a mídia como viajantes, movendo-nos de um lugar para o outro, de um ambiente midiático para outro, estando às vezes em mais de um lugar ao mesmo tempo, como podemos imaginar estar quando assistimos à televisão ou surfamos na World Wide Web, por exemplo. Que tipos de distinções podemos fazer aqui? Que tipos de movimentos se tornam possíveis?

Nós nos movemos entre espaços privados e públicos. Entre espaços locais e globais. Passamos de lugares sagrados a seculares; de reais a ficcionais e virtuais, e vice-versa. Passamos do que é seguro para o que é ameaçador e do que é compartilhado para o que é solitário. Estamos em casa ou fora. Atravessamos soleiras e vislumbramos horizontes. Todos nós fazemos essas coisas constantemente e em absolutamente nenhuma delas estamos sem nossa mídia, como objetos físicos ou simbólicos, como guias ou pegadas, como experiências ou *aides-mémoires*.

Ligar a televisão ou abrir um jornal na privacidade de nossa sala é envolver-se num ato de transcendência espacial: um local físico identificável — o lar — defronta e abarca o globo. Mas tal ação, ler ou ver, possui outros referentes espaciais. Ela nos liga aos outros, a nossos vizinhos, conhecidos e desconhecidos, que estão simultaneamente fazendo a mesma coisa. A tela bruxuleante, a página vibrante nos unem momentaneamente — mas com enorme significância pelo menos no século XX — numa comunidade nacional. No entanto, compartilhar um espaço não é necessariamente possuí-lo; ocupá-lo não nos dá necessariamente direitos. Nossas experiências dos espaços midiáticos são particulares e amiúde fugidias. Raramente deixamos um rastro, mal-e-mal uma sombra, quando nos envolvemos com essas pessoas, os outros, que vemos, dos quais ouvimos falar ou a respeito de quem lemos.

Nossa jornada diária implica movimento pelos diferentes espaços midiáticos e para dentro e fora do espaço da mídia. A mídia nos oferece estruturas para o dia, pontos de referência, pontos de parada, pontos para o olhar de relance e para a contemplação, pontos de engajamento e oportunidades de desengajamento. Os infinitos fluxos da representação da mídia são interrompidos por nossa participação neles. Fragmentados pela atenção e pela desatenção. Nossa entrada no espaço midiático é, ao mesmo tempo, uma transição do cotidiano para o liminar e uma apropriação do liminar pelo cotidiano. A mídia é do cotidiano e ao mesmo tempo uma alternativa a ele.

O que estou dizendo difere um pouco do que Manuel Castells (1996, pp. 376ss.) identifica como o "espaço de fluxos". Para Castells, o espaço de fluxos sinaliza as redes eletrônicas, mas também as físicas, que fornecem a dinâmica grade de comunicação ao longo da qual a informação, os bens e as pessoas se movem incessantemente em nossa era da informação emergente. A nova sociedade é construída em seu movimento, em seu eterno fluxo. O espaço fica instável, deslocado das vidas que são levadas em espaços reais, embora em alguns sentidos ainda delas. Meu ponto de partida, ao reconhecer essa abstração, prefere contudo fundamentar um senso de fluxo do que Castells chama "a era da informação" nos traslados dentro e através da experiência, pois é aí que eles ocorrem: como sentidos, conhecidos e, às vezes, temidos. *Nós* também nos movemos em espaços midiáticos, tanto na realidade como na imaginação, tanto material como simbolicamente. Estudar a mídia é estudar esses movimentos no espaço e no tempo e suas inter-relações e talvez também, como conseqüência, descobrir-se pouco convencido pelos profetas de uma nova era e por sua uniformidade e seus benefícios.

Se estudar a mídia é estudá-la em sua contribuição para a textura geral da experiência, então algumas coisas se seguem. A primeira é a necessidade de reconhecer a realidade da experiência: que as experiências são reais, até mesmo as experiências midiáticas. Isso, em certa medida, põe-nos em desacordo com grande parte do pensamento pós-moderno que diz que o mundo que habitamos é um mundo sedutora e exclusivamente de imagens e simulacros. Nessa visão, o mundo é um mundo em que as realidades empíricas são progressivamente negadas, tanto para nós como por nós, no senso comum e na teoria. Nessa visão, vivemos nossas vidas em espaços simbólicos e auto-referenciais que nos oferecem nada mais que generalidades do sucedâneo e do hiper-real, que nos proporcionam apenas a reprodução e nunca o original e, ao fazê-lo, negam-nos nossa subjetividade e, de fato, nossa capacidade de agir significativamente. Nessa visão, somos desafiados com nosso fracasso coletivo a distinguir a realidade da fantasia e a responder pelo empobrecimento, embora forçado, de nossas capacidades imaginativas. Nessa visão, a mídia se torna a medida de todas as coisas.

Mas sabemos que ela não o é. Sabemos, talvez ao menos em relação a nós mesmos, que podemos distinguir, e de fato distinguimos, fantasia de realidade, que podemos preservar, e de fato preservamos, alguma distância crítica entre nós e a mídia, que nossas vulnerabilidades à influência ou à força de persuasão da mídia são desiguais e imprevisíveis, que há diferenças entre ver, compreender, aceitar, acreditar e agir por influência ou converter idéias em ato; sabemos que examinamos o que vemos ou ouvimos com base no que conhecemos e acreditamos, que de qualquer modo ignoramos ou esquecemos muita coisa, e que nossas respostas à mídia, tanto em particular como em geral, variam por indivíduo e segundo os grupos sociais, de acordo com sexo, idade, classe, etnia, nacionalidade, assim como ao longo do tempo. Sabemos de tudo isso. Isso é senso comum. E se nós, que estudamos a mídia, tivéssemos contudo de contestar esse senso comum (e o fazemos, devida e continuamente), ele não poderia ser eliminado sem que caíssemos na mesma armadilha que identificamos para os outros: não levar a sério a experiência e não testar nossas próprias teorias à luz da experiência, isto é, não as testar empiricamente. Nossas teorias também jamais escaparão ao auto-referencial. Elas também se tornarão infinitamente, reflexivamente irreflexivas.

Abordar a experiência da mídia, assim como sua contribuição para a experiência, e insistir que isso é um empreendimento tão empírico como teórico são coisas mais fáceis de dizer do que fazer, pois, em primeiro lugar, nossa pergunta exige de nós investigar o papel da mídia na formação da experiência e, vice-versa, o papel da experiência na formação da mídia. Em segundo, porque exige de nós entrar mais fundo no exame do que constitui a experiência e sua composição.

Vamos admitir, portanto, que a experiência é, de fato, formada. Atos e eventos, palavras e imagens, impressões, alegrias e dores, até mesmo confusões, só se tornam significativas na medida em que podem se inter-relacionar dentro de alguma estrutura, tanto individual como social: uma estrutura que, embora tautologicamente, lhes confere significado. A experiência é uma questão tanto de identidade como de diferença. É tão única quanto compartilhável.

É física e psicológica. Isso tudo é claro e, de fato, banal e óbvio. Mas como a experiência é formada e como a mídia desempenha um papel em sua formação?

A experiência é moldada, ordenada e interrompida. É moldada por atividades e experiências prévias. É ordenada de acordo com normas e classificações que resistem à prova do tempo e do social. É interrompida pelo inesperado, pelo não preparado, pelo incidente, pela catástrofe, por sua própria vulnerabilidade, por sua inevitável e trágica falta de coerência. Expressamos a experiência em ações e agimos sobre ela. Nesse sentido, ela é física, baseada no corpo e seus sentidos. De fato, é o caráter comum da experiência corporal em diferentes culturas que os antropólogos, em particular, afirmaram ser a precondição de nossa habilidade de compreensão mútua. "A imaginação deriva do corpo como também da mente", diz Kirsten Hastrup (1995, p. 83), apesar de isso ser raramente notado. O corpo na vida, sua encarnação, é a base material para a experiência. Ele nos dá um lugar. É o lugar, não cartesiano, da ação e, também, das habilidades e competências sem as quais ficamos inválidos. Isso tem implicações importantes para a maneira como abordamos a mídia e para a maneira como a mídia se introduz na experiência corporal, porque ela o faz, continuamente, tecnologicamente. A noção de *techne* de Martin Heidegger captura o sentido de tecnologia *como* habilidade. Nossa capacidade de nos envolver com a mídia é precondicionada por nossa capacidade de manejar a máquina. Mas, como já salientei, podemos pensar na mídia como extensões do corpo, como próteses; daí falta pouco para perder de vista as fronteiras entre o humano e o técnico, entre o corpo e a máquina. Pense digitalmente. Ainda falaremos mais sobre mídia e corpos.

E os corpos vão além do físico. A experiência não se resume nem ao senso comum, nem à performance corporal. Tampouco se encerra na simples reflexão sobre sua capacidade de ordenar e ser ordenada. Pois, borbulhando sob a superfície da experiência, perturbando a tranqüilidade e fraturando a subjetividade, está o inconsciente. Nenhuma análise da mídia pode ignorá-lo, tampouco as teorias que o abordam. Passemos então à psicanálise.

Sim, mas a psicanálise é um grande problema.

A psicanálise é um grande problema de várias maneiras. Ela oferece, talvez bastante à força, uma maneira de abordar o perturbador e o não-racional. Ela nos força a encarar a fantasia, o misterioso, o desejo, a perversão, a obsessão: os chamados problemas do cotidiano, que tanto são representados como reprimidos em textos midiáticos de um tipo ou de outro e esgarçam o delicado tecido do que normalmente se considera racional e normal na sociedade moderna. A psicanálise é como uma linguagem. É como cinema. E vice-versa. A passagem da teoria e da prática clínicas à crítica cultural é carregada de ofuscamento e da fusão bastante fácil do particular e do geral, como também é repleta de arbitrariedade (mascarada como teoria) de interpretação e análise. No entanto, como o próprio inconsciente, a psicanálise não irá embora. Ela oferece uma via para pensar sobre os sentimentos: os medos e desesperos, as alegrias e confusões que arranham o cotidiano e deixam nele uma cicatriz.

A psicanálise é também um grande problema na medida em que perturba a fácil racionalidade de grande parte da teoria da mídia contemporânea, de orientação cognitiva e propósito behaviorista. Ela questiona a redução sociológica, embora na maioria das vezes deixe de reconhecer o social. Ela é, ou certamente deveria ser, uma abordagem para reforçar um senso das complexidades da mídia e da cultura sem as cancelar. Se formos estudar a mídia, teremos de encarar o papel do inconsciente na constituição, como também no questionamento, da experiência. Do mesmo modo, se formos responder à pergunta sobre por que estudar a mídia, parte de nossa resposta será porque o inconsciente oferece uma via, se não uma via privilegiada, para dentro dos territórios ocultos da mente e do significado.

A experiência, tanto a mediada como a da mídia, surge na interface do corpo e da psique. Ela, claro, se exprime no social e nos discursos, na fala e nas histórias da vida cotidiana, em que o social está sendo constantemente reproduzido. Para citar Hastrup mais uma vez: "Não apenas a experiência está sempre ancorada numa coletividade, mas a verdadeira *ação* humana é também inconcebível fora da conversação contínua de uma comunidade, de onde surgem as distinções e avaliações de fundo necessárias para fazer escolhas de ações" (1995, p. 84).

Nossas histórias, nossas conversas estão presentes tanto nas narrativas formais da mídia, na reportagem factual e na representação ficcional como em nossos contos do dia-a-dia: a fofoca, os boatos e interações casuais em que encontramos maneiras de nos fixar no espaço e no tempo, e sobretudo de nos fixar em nossas inter-relações, conectando e separando, compartilhando e negando, individual e coletivamente, na amizade e na inimizade, na paz e na guerra. Já se opinou (Silverstone, 1981) que tanto a estrutura como o conteúdo das narrativas da mídia e das narrativas de nossos discursos cotidianos são interdependentes, que, juntos, eles nos permitem moldar e avaliar a experiência. O público e o privado se entrelaçam, narrativamente. Deve ser este o caso. Na novela e no *talk show*, os significados privados são propagados publicamente e os públicos são oferecidos para consumo privado. As vidas privadas de figuras públicas tornam-se a matéria da novela diária; os atores que representam personagens de novela tornam-se figuras públicas solicitadas a construir uma vida privada para consumo público. *Caras! Contigo!*

O que se passa aqui? No cerne dos discursos sociais que se incrustam em torno da experiência e a encarnam, e para os quais nossa mídia se tornou indispensável, estão um processo e uma prática de classificação: a realização de distinções e juízos. A classificação, portanto, não é apenas uma questão intelectual, nem mesmo apenas prática, mas é, nos termos de Berlin, uma questão estética e ética. Nossas vidas são administráveis na medida em que existe um mínimo de ordem, suficiente para fornecer o tipo de seguridades que nos permitem atravessar o dia. No entanto, essa ordem que somos capazes de obter não é neutra nem em suas condições nem em suas conseqüências, pois nossa ordem exerce forte efeito sobre a ordem dos outros e dependerá da ordem, ou até mesmo da desordem, dos outros. Aqui também nos confrontamos com uma estética e uma ética — uma política essencialmente — da vida cotidiana, para as quais a mídia nos fornece, em importante grau, tanto os instrumentos como os problemas: os conceitos, categorias e tecnologias para construir e defender distâncias; para construir e manter conexões. Esses instrumentos estão talvez em mais evidência e são portanto mais controversos quando uma nação está ou se sente em guerra. Mas não deixemos essa visibilidade momentânea nos ofuscar o trabalho diário em que nós, individual e coletivamente, e nossa mídia estamos constante e intensamente envolvidos, minuto a minuto, hora a hora.

Por conseguinte, na medida em que a mídia é, como argumentei, essencial a esse processo de fazer distinções e juízos; na medida em que ela, precisamente, medeia a dialética entre a classificação que forma a experiência e a experiência que dá colorido à classificação, precisamos investigar as conseqüências de tal mediação. *Temos de* estudar a mídia.

2

Mediação

Comecei a dizer que devemos pensar na mídia como um processo, um processo de mediação. Para tanto, é necessário perceber que a mídia se estende para além do ponto de contato entre os textos midiáticos e seus leitores ou espectadores. É necessário considerar que ela envolve os produtores e consumidores de mídia numa atividade mais ou menos contínua de engajamento e desengajamento com significados que têm sua fonte ou seu foco nos textos mediados, mas que dilatam a experiência e são avaliados à sua luz numa infinidade de maneiras.

A mediação implica o movimento de significado de um texto para outro, de um discurso para outro, de um evento para outro. Implica a constante transformação de significados, em grande e pequena escala, importante e desimportante, à medida que textos da mídia e textos sobre a mídia circulam em forma escrita, oral e audiovisual, e à medida que nós, individual e coletivamente, direta e indiretamente, colaboramos para sua produção.

A circulação de significado, que é a mediação, é mais do que um fluxo em dois estágios — do programa transmitido via líderes de opinião para as pessoas na rua —, como Katz e Lazarsfeld (1955) defenderam em seu estudo seminal, embora ela apresente estágios e realmente flua. Os significados mediados circulam em textos primários e secundários, através de intertextualidades infindáveis, na paródia e no pastiche, no constante *replay* e nos intermináveis discursos, na tela e fora dela, em que nós, como produtores e consumidores, agimos e interagimos, urgentemente procurando compreender o mundo, o mundo da mídia, o mundo mediado, o mundo da mediação. Mas também, e ao mesmo tempo, usamos os significados da mídia para evitar o mundo, para nos distanciar dele, dos desafios talvez impostos pela responsabilidade e pelo cuidado, para fugir do reconhecimento da diferença.

Essa inclusividade na mídia, nossa forçada participação com ela, é duplamente problemática. É difícil desvendar, encontrar uma origem, construir uma explicação do poder da mídia, por exemplo. É difícil, provavelmente impossível, para nós, analistas, sair da cultura da mídia, da cultura de nossa mídia. Com efeito, nossos próprios textos, como analistas, são parte do processo de mediação. Aqui, somos como lingüistas tentando analisar sua própria língua. De dentro, mas também de fora.

"Um lingüista não sai do tecido móvel da língua verdadeira — sua própria língua, as línguas que ele conhece — mais do que sai um homem do alcance de sua sombra" (Steiner, 1975, p. 111). A meu ver, isso também se aplica à mídia. Daí a dificuldade. É uma dificuldade epistemológica, relacionada às maneiras como alegamos nossas compreensões da mediação. E é ética, pois exige que elaboremos juízos sobre o exercício do poder no processo de mediação. Estudar a mídia é um risco, em ambos os casos. Isso implica, inevitável e necessariamente, um processo de desfamiliarização. Questionar o dado-por-certo. Mergulhar abaixo da superfície do significado. Recusar o óbvio, o literal, o singular. Em nosso trabalho, muitas vezes e com razão, o simples se torna complexo, o óbvio opaco. Luzes brilhantes fazem desaparecer as sombras. Está tudo nos cantos.

A mediação é como a tradução segundo a visão de George Steiner. Nunca é completa, sempre transformativa, e nunca, talvez, inteiramente satisfatória. É sempre contestada. É um ato de amor. Steiner descreve a tradução em termos de movimento hermenêutico, um processo quádruplo de confiança, agressão, apropriação e restituição. *Confiança* porque, ao desencadear o processo de tradução, identificamos valor no texto de que estamos tratando, valor que queremos compreender, alegar e comunicar para os outros, para os nossos. Nesse ato inicial de confiança declaramos nossa crença de que há um significado a ser apreendido no texto que estamos abordando e de que esse significado sobreviverá a nossa tradução. Podemos, é claro, estar errados. *Agressão* porque todos os atos de compreensão são "inerentemente apropriadores e, portanto, violentos" (Steiner, 1975, p. 297). Na tradução, entramos num texto e alegamos ter a posse de seu significado (Steiner é incorrigivelmente sexista em suas metáforas), mas a *violência* que fazemos aos significados alheios, mesmo nas mais suaves tentativas de compreender, é bastante familiar: nossos próprios discursos são salpicados de alegações de que a representação da mídia é tendenciosa, ideológica e, amiúde, simplesmente falsa. *Apropriação* significa levar os significados para casa: a personificação, a consumação, a domesticação (esses termos são todos de Steiner) mais ou menos bem-sucedidas, mais ou menos completas do significado. Esse é um processo que, no entanto, permanece incompleto e insatisfatório sem o quarto e último movimento: a *restituição*. Restituição sinaliza uma reavaliação: a reciprocidade no âmbito da qual o tradutor devolve significado e, talvez, faça-lhe acréscimos neste processo. A glória primitiva do original pode ter desaparecido, mas o que vemos em seu lugar é algo novo, certamente; algo melhor, possivelmente; algo diferente, obviamente. Nenhuma tradução, como diz Jorge Luis Borges em *Pierre Menard*, pode ser perfeita, nem mesmo em sua perfeição. Nenhuma tradução. E nenhuma mediação.

Não obstante as suscetibilidades de Steiner e da tradução, ele se refere a ela como um processo diádico, um movimento de um texto para outro e, principalmente, um movimento através do tempo. Ele implica a transição entre textos passados e presentes. É um movimento que inclui tanto significado como valor. A tradução é uma atividade ao mesmo tempo estética e ética.

A mediação parece ser mais e menos do que a tradução, tal como analisada por Steiner. Mais porque a mediação rompe os limites do textual e oferece descrições da realidade, assim como da textualidade. É tanto vertical como horizontal, dependente dos constantes deslocamentos de significados através do espaço tridimensional e até mesmo quadridimensional. Os significados mediados movem-se entre textos certamente, e através do tempo. Mas também se movem através do espaço, e de espaços. Eles se movem do público para o privado, do institucional para o individual, do globalizador para o local e o pessoal, e vice-versa. Eles são fixos, por assim dizer, nos textos e fluidos nas conversas. São visíveis em quadros de aviso e *sites* da Internet e enterrados nas mentes e nas lembranças. Mas a mediação é menos que a tradução provavelmente porque às vezes não tem nada de amoroso. O mediador não está necessariamente ligado a seu texto, nem a seu objeto, por amor, embora possa estar em casos particulares. A fidelidade à imagem ou ao evento não é de modo algum tão forte quanto é, ou foi um dia, à palavra.

Uma tradução é reconhecida e respeitada como um trabalho de autoria. A mediação envolve o trabalho de instituições, grupos e tecnologias. Ela não começa nem termina com um texto singular. Suas pretensões de fechamento, o produto das ideologias e narrativas de notícias, por exemplo, são comprometidas, no ponto da transmissão, pela certeza de que a próxima comunicação, o próximo boletim, a próxima história, o comentário ou a interrogação por vir levarão as coisas e os significados adiante e para outro lugar. A visão que Steiner tem da tradução não ultrapassa o texto, a despeito do reconhecimento do próprio lugar dele, Steiner, na linguagem. Em contrapartida, a mediação é infinita, produto do desenredamento textual nas palavras, nos atos e nas experiências da vida cotidiana, tanto quanto pelas continuidades da mídia de massa e da mídia segmentada.

Desse modo, a mediação é menos do que a tradução precisamente na medida em que é o produto do trabalho institucional e técnico com palavras e imagens, e o produto também de um engajamento com os significados informes de eventos ou fantasias. Os significados que, de fato, surgem, ou que são alegados, tanto provisória como definitivamente (de ambos os modos, é claro, e de uma só vez, em quase todo ato de comunicação), surgem sem a intensidade da atenção específica e precisa à linguagem ou sem a necessidade de recriar, em algum grau, um texto original. Nesse sentido, a mediação é menos determinada, mais aberta, mais singular, mais compartilhada e mais vulnerável, talvez, a abusos.

No entanto, a discussão continua pertinente, sobretudo porque o que se tem aqui não é a distinção entre diferentes tipos de tradução: literalismo, paráfrase e livre imitação, que o próprio Steiner acha estéreis e arbitrárias. É pertinente porque temos aqui o reconhecimento de que a importância da tradução reside no *investimento*, tanto ético como estético, que se faz nela e nas *reivindicações* que são feitas para ela e por ela. A tradução é um processo em que os significados são produzidos, significados que cruzam fronteiras, tanto espaciais como temporais. Investigar esse processo é investigar as instabilidades e o fluxo de significados e suas transformações, mas também a política de sua fixação. Tal investigação fornece o modelo para algumas coisas que pretendo dizer agora sobre a mediação.

Consideremos o exemplo de um jovem pesquisador de televisão trabalhando num documentário sobre a vida em instituições totais. Uma série que investigará as maneiras pelas quais tais instituições, nesse caso um mosteiro, socializam novos membros em um novo modo de vida, um novo regime, uma nova ordem. Uma idéia inicial e a bem-sucedida persuasão do produtor executivo de sua viabilidade resultaram num almoço com o abade num restaurante no Soho. Ele deixaria uma equipe de produção entrar no mosteiro para seguir um grupo de noviços em sua preparação para se integrar à nova comunidade? Concederia ao meio televisivo os direitos de representação? O abade consideraria isso. Um programa anterior em outra parte na rede tinha sido visto como um fracasso, mas esta era uma idéia interessante, e parecia haver entre os dois homens uma concordância suficiente para a sugestão de que o pesquisador visitasse o mosteiro para discuti-la mais.

Poucas semanas depois, o pesquisador está numa sala com toda a comunidade de monges. Ele apresenta sua idéia do programa e é interrogado. Talvez por inocência, mais provavelmente por orgulho profissional, ele delineia o que espera alcançar no programa, argumentando que será fiel ao modo de vida deles e tentará não ser deturpador nem sensacionalista. Ele viverá algum tempo na comunidade. O filme se baseará numa pesquisa meticulosa e rigorosa. As vozes dos próprios monges serão ouvidas. Podem confiar em que o pesquisador passará a verdade (sim, ele disse isso). Ele é convincente. Chega-se a um acordo. O pesquisador se une aos monges por duas semanas e segue sua rotina. Fala com eles, come com eles e freqüenta seus cultos. Passa a respeitá-los intensamente, mas não compreende sua *fé*. Ele escolhe dois noviços e discute o que estará envolvido com eles. O plano é fazer o filme durante o período de um ano para monitorar o progresso do noviciado.

O pesquisador retorna a Londres e passa as informações para o diretor e o produtor. A filmagem começa e, no devido tempo, termina. Uma infinidade de imagens, palavras e sons para ser editadas num texto coerente. O pesquisador, apesar de ter feito grande parte das entrevistas filmadas, agora já não está muito envolvido no processo de produção e assiste de braços cruzados, enquanto o mundo que ele observou, o mundo que, embora imperfeita e incompletamente, passou a compreender é reconstruído quadro a quadro. Cada vez mais impotente, ele assiste à produção institucional do significado: a construção de uma narrativa; a criação de um texto que atende às expectativas do programa, um texto que se encaixa no horário reservado, que solicitará uma audiência e alegará um significado. Ele vê uma nova realidade surgindo sobre a antiga, reconhecível, justa, pelo menos para ele, mas cada vez mais distante do que, segundo acredita, os próprios monges conheceriam e compreenderiam.

Essa é uma tradução feita de boa-fé. Contudo, no momento em que os significados emergentes cruzam a soleira entre o mundo das vidas mediadas e o da mídia viva, no momento em que as agendas mudam e em que a televisão, neste caso, impõe suas próprias formas de trabalho, uma nova realidade, mediada, ergue-se do mar, rompendo a superfície de um conjunto de experiências e oferecendo, afirmando, outras.

O programa é transmitido e, de fato, reprisado. Algum tempo depois, o pesquisador se encontra socialmente com um membro da comunidade. O que ele achou, o que eles acharam? Timidamente, e um pouco dolorosamente, a resposta era bastante clara. Decepção. Pesar. Outro fracasso. Uma oportunidade perdida. Pode ter sido um documentário, que entretanto não documentou, não refletiu ou representou com precisão a vida ou a instituição deles. O pesquisador não ficou inteiramente surpreso, nem chocado. Mas o reconhecimento do fracasso o derrubou. A falha foi dele? Era inevitável? Seria possível outro resultado?

Nesse meio tempo, milhões de pessoas terão visto o programa; muitas terão gostado; e muitas terão incorporado algo de seu significado em suas próprias compreensões do mundo. A análise da tradução feita por Steiner não inclui o leitor ou a leitura. Minha análise da mediação deve incluí-los, pois sem privilegiá-los, a todos nós que nos engajamos contínua e infinitamente com os significados midiáticos, sem uma preocupação com a eficácia desse engajamento, corremos o risco de uma má interpretação. Todos participamos do processo de mediação. Ou não, conforme o caso.

Essa história do envolvimento de um documentário televisivo com um mundo privado é, talvez, bastante familiar e cada vez mais compreendida tanto pelas pessoas abordadas para participar como sujeitos na mediação como pelos espectadores e leitores que passaram a entender alguns dos limites nas alegações de autenticidade por parte da mídia. Mas em seu cerne, como Steiner reconhece, reside a questão da confiança. E confiança em diversos pontos do processo. Os sujeitos do filme devem confiar naqueles que se apresentam como mediadores. Os espectadores devem confiar nos mediadores profissionais. E os mediadores profissionais devem confiar em suas próprias habilidades e capacidades de fornecer um texto honesto.

Embora possamos ser perdoados por considerar semelhante confiança tão passível de traição, cinicamente ou não ela é uma precondição da mediação, uma precondição necessária em todos os esforços da mídia por representação, e especialmente por representação factual. Claro, esse tópico da confiança não molda todas as formas de mediação, embora também seja uma precondição, como afirmou Jürgen Habermas (1970), para qualquer comunicação eficaz. Uma questão que sempre reaparecerá neste livro é saber o que está ocorrendo com a confiança no cerne do processo da mediação e com a percepção de como é importante encontrar meios de preservá-la ou protegê-la.

Todos nós somos mediadores, e os significados que criamos são, eles próprios, nômades. Além de poderosos. Fronteiras são transpostas, e, tão logo programas são transmitidos, *web-sites* construídos ou *e-mails* enviados, elas continuarão a ser transpostas até que as palavras e imagens que foram geradas ou simuladas desapareçam da visão ou da memória. Toda transposição é também uma transformação. E toda transformação é, ela mesma, uma reivindicação de significado, de sua relevância e de seu valor.

Nossa preocupação com a mediação como um processo é, portanto, essencial à questão de saber por que devemos estudar a mídia: a necessidade de focar no movimento dos significados através dos limiares da representação e da experiência. De estabelecer os lugares e fontes de distúrbio. De compreender a relação entre significados público e privado, entre textos e tecnologias. E de identificar os pontos de pressão. Além disso, devemos nos preocupar não apenas com a reportagem factual, com a mídia como fonte de informação. A mídia é entretenimento. E aqui, também, significados são produzidos e transformados: tentativas de ganhar a atenção, de cumprimento e frustração de desejos; prazeres oferecidos ou negados. Mas ela também oferece recursos para conversa, reconhecimento, identificação e incorporação, à medida que avaliamos, ou não avaliamos, nossas imagens e nossas vidas em comparação com aquelas que vemos na tela.

Precisamos compreender esse processo de mediação, compreender como surgem os significados, onde e com que conseqüências. Precisamos ser capazes de identificar os momentos em que o processo parece falhar, em que é distorcido pela tecnologia ou de propósito. Precisamos compreender sua política: sua vulnerabilidade ao exercício do poder; sua dependência do trabalho de instituições e de indivíduos; e seu próprio poder de persuadir e de reclamar atenção e resposta.

3 Tecnologia

Não iremos longe em nosso interesse pela mídia sem inquirir a tecnologia. Nossa interface com o mundo. Nossa confrontação com a realidade. As tecnologias da mídia, pois elas são tecnologias, tanto *hardware* como *software*, vêm em diferentes formas e tamanhos, agora em rápida mudança e de maneira atordoante. Elas estão impulsionando muitos de nós ao nirvana da chamada "era da informação", enquanto deixam outros ofegantes como bêbados numa calçada arrastando os pés pelo lixo de *software* obsoletos e sistemas operacionais rejeitados, ou apenas se arranjando, na melhor das hipóteses, com uma telefonia antiquada e uma difusão terrestre analógica.

Pensar sobre tecnologia, questioná-la no contexto de uma discussão sobre a mídia não é tarefa simples. E não só por causa da rapidez da mudança, rapidez imprevisível e incoerente em suas implicações. Muito se escreveu sobre a capacidade da tecnologia midiática de determinar as maneiras pelas quais empreendemos nossos trabalhos diários, as maneiras pelas quais nossa capacidade de agir no mundo é possibilitada e reprimida. Dizem-nos que estamos no meio de uma revolução tecnológica (o que é verdade, pelo menos para uma pequena parcela da população mundial) de amplas conseqüências, revolução na geração e na disseminação da informação. Novas tecnologias, novas mídias, cada vez mais convergentes pelo mecanismo da digitalização, estão transformando o tempo e o espaço sociais e culturais. Esse novo mundo não pára: 24 horas de noticiário, 24 horas de serviços financeiros. Acesso instantâneo, em todo o globo, à World Wide Web. Comércio interativo e sociabilidade interativa em economias e comunidades virtuais. Uma vida a ser vivida *on-line*. Canais e mais canais. Escolhas e mais escolhas. Televisão como balas sortidas.

Ouçamos as vozes do Vale do Silício ou da Media Lab. Ouçamos, por exemplo, Nicholas Negroponte (1995, p. 6):

> no começo do próximo milênio suas abotoaduras ou brincos, dos lados direito e esquerdo, poderão se comunicar entre si por satélites de órbita baixa e ter mais poder computacional do que seu atual PC. Seu telefone não tocará indiscriminadamente; ele vai receber, selecionar e talvez responder às chamadas como um bem treinado mordomo inglês. A mídia de massa será redefinida por sistemas para transmitir e receber informação e entretenimento personalizados. As escolas mudarão para se tornar mais como museus e *playgrounds* em que as crianças reúnam idéias e se socializem com outras crianças de todo o mundo. O planeta digital parecerá uma cabeça de alfinete e se sentirá como tal.

O que minhas abotoaduras dirão uma à outra? O que vou fazer com todo esse poder computacional? Se toda minha informação é personalizada, como vou aprender algo novo? Quem vai pagar pelo novo tipo de escola e retreinar os professores (ou encontrar novos empregos para eles quando forem embora?). Como vou administrar os pontinhos de alfinete da proximidade global?

O problema está em como pensar a fundo nisso quando se admite que a tecnologia não vem até nós sem intervenção humana. Quando se reconhece que ela nasce de complexos processos de projeto e desenvolvimento que estão, eles mesmos, incrustados nas atividades de instituições e indivíduos coagidos e capacitados pela sociedade e pela história. A nova mídia é construída sobre as bases da velha. Ela não nasce completamente emplumada ou perfeitamente formada. Tampouco é sempre claro como será institucionalizada ou empregada, e sabemos menos ainda quais conseqüências ela terá na vida social, econômica ou política. As certezas de uma tecno-lógica, as certezas do desenvolvimento cumulativo na velocidade e na minituarização, por exemplo, não produzem seu equivalente nos âmbitos da experiência.

Mas a mudança tecnológica produz, sim, conseqüências. Elas podem ser, e certamente têm sido, profundas: mudam, tanto visível como invisivelmente, o mundo em que vivemos. A escrita e a imprensa, a telegrafia, o rádio, a telefonia e a televisão, a Internet ofereceram, cada um, novas maneiras de administrar a informação e novas maneiras de comunicá-la; novas maneiras de articular desejos e de influenciar e agradar. Efetivamente, novas maneiras de fazer, transmitir e fixar significado.

A tecnologia, portanto, não é singular. Mas em que sentidos ela é plural?

Marshall McLuhan queria que víssemos a *tecnologia como física*, como extensões de nossa capacidade humana de agir, física e psicologicamente, no mundo. Nossa mídia, especialmente, ampliou sua extensão e seu alcance, conferindo-nos imenso poder, mas também modificando o ambiente em que o poder é exercido. As tecnologias fazem isso sozinhas, próteses para a mente e o corpo, de impacto totalizante e efeitos rudes e indiscriminadores. O apelo de McLuhan nos anos 1960 baseava-se na novidade e na abrangência de sua análise. Um profeta em sua época, em seu país. E ainda o é. Sua mensagem da simplicidade do deslocamento midiático da mensagem como o lugar da influência está em concordância com os que vêem na atual geração de tecnologias interativas e de rede a plena realização do mundo como *medium*. Para tais pessoas, "a Internet é um modelo para o que somos". Ciborgues. Cibernautas. Dê asas às fantasias. E as fantasias, ou pelo menos algumas delas, são realizadas. Armazenamento infinito. Acessibilidade infinita. Cartões inteligentes e implantes de retina. Os usuários são transformados por seu uso. E, como conseqüência, a natureza humana é, com igual certeza, transformada. *Clic*.

O teoricamente não-sutil tem seu valor. Ele foca a mente na dinâmica da mudança estrutural. Faz-nos questionar. Mas deixa de notar as nuanças da atividade e do significado, do exercício humano de poder e de nossa resistência. Deixa de notar também outras fontes de mudança: fatores que afetam a criação das próprias tecnologias e fatores que medeiam nossas respostas a elas. Sociedade, economia, política, cultura. As tecnologias, é preciso dizer, são mais capacitantes (e incapacitantes) do que determinantes. Elas surgem, existem e expiram num mundo que não é totalmente criado por elas.

Mas o apelo é compreensível. E o que McLuhan articula e ao mesmo tempo reforça irrefletidamente é quase um universal na cultura, em que a *tecnologia* pode ser vista *como encantamento*. A expressão é praticamente a mesma de Alfred Gell. Ele a emprega para descrever as tecnologias *de* encantamento que os humanos criaram para "exercer controle sobre as idéias e ações de outros seres humanos" (Gell, 1988, p. 7), referindo-se com isso à arte, à música, à dança, à retórica, aos presentes, e a todos os artefatos intelectuais e práticos que surgiram para nos permitir expressar toda a gama das paixões humanas, isto é, a mídia.

Mas tecnologia *como* encantamento tem uma referência mais ampla, pois descreve as maneiras pelas quais todas as sociedades, incluindo a nossa, encontram na tecnologia uma fonte e uma esfera de magia e mistério. Gell fala disso também. Para ele, tecnologia e magia estão indissoluvelmente ligadas. O feitiço é lançado como as sementes são plantadas. O sucesso futuro é tanto reivindicado como explicado por meio disso. De fato, por definição. Pois não se deve compreender a tecnologia apenas como máquina. Ela inclui as habilidades e competências, o conhecimento e o desejo, sem os quais não pode funcionar. E "a magia consiste em um 'comentário' sobre estratégias técnicas" (Gell, 1988, p. 8). As culturas que criamos em torno de nossas máquinas e de nossa mídia são justamente isso. No senso comum e nos discursos cotidianos, e até mesmo na escrita acadêmica, as tecnologias aparecem magicamente, são magia e têm conseqüências mágicas, brancas e negras. São o foco de fantasias utópicas e distópicas que, quando lançadas, assumem, segundo se acredita, forma física, material (*Wired*, a revista do Vale do Silício, é um exemplo característico). As operações da máquina são misteriosas e, como resultado, compreendemos mal sua origem e seu significado. O uso que fazemos delas é cercado de folclore, a sabedoria comum de grupos e sociedades que desejam controle sobre coisas que não compreendem.

Vê-se então que a tecnologia *é* mágica e que as tecnologias da mídia são, de fato, tecnologias *de* encantamento. Essa sobredeterminação lhes confere um poder considerável, para não dizer aterrador, em nossa imaginação. Nosso envolvimento com elas é impregnado pelo sagrado, mediado por ansiedade e, de quando em quando, arrebatado por alegria. Nossa dependência delas é substancial. O desespero que nos invade quando somos privados do acesso a elas — o telefone como "linha salva-vidas", a televisão como "janela para o mundo" — é completo. Nosso entusiasmo, quando somos confrontados pelo novo, às vezes desconhece limites: "Quatro trilhões de megas? Nossa!"

Nesse contexto, como também em outros, podemos começar a ver a *tecnologia como cultura*: ver que as tecnologias, no sentido que inclui não só o quê, mas também o como e o por quê da máquina e seus usos, são objetos e práticas simbólicos e materiais, estéticos e funcionais. É também nesse contexto que começamos a investigar os espaços culturais mais amplos em que as tecnologias operam e que lhes dão tanto seu significado como seu poder.

Walter Benjamin identificou momentos decisivos na história da cultura ocidental com a invenção da fotografia e do cinema, momentos que, mesmo no contexto de sua própria ambivalência, Benjamin interpretou erroneamente como desencantamento. A reprodução mecânica (a primeira vez, é claro, na impressão) é o traço definidor da tecnologia midiática, rompendo a sacralidade fechada e íntima, inabordável, distante, da obra de arte e a substituindo pelas imagens e pelos sons da cultura de massa. Para Benjamin, isso significava a possibilidade de uma nova política, à medida que os novos espectadores em massa das imagens cinematográficas se confrontaram com representações da realidade efetivamente sintonizadas com a experiência deles. Ele escreve:

> O filme é a forma de arte que está em consonância com o aumento da ameaça à vida que o homem moderno tem de enfrentar. A necessidade do homem de se expor aos efeitos de choque é seu ajuste aos perigos que o ameaçam. O cinema corresponde a profundas mudanças no aparato aperceptivo — mudanças sentidas numa escala individual pelo homem na rua, no tráfego da cidade grande, numa escala histórica por todo cidadão contemporâneo (1970, p. 252, n. 19).

Nota-se, nesse caso, e em outros, que as tecnologias da mídia nascem em pontos de carência social generalizada, não individual. Raymont Williams (1974) mostra um argumento semelhante em relação ao rádio. Além disso, é possível reconhecer em seu amadurecimento as maneiras pelas quais exprimem e refratam muita coisa da dinâmica da cultura mais ampla. Max Weber poderia ter chamado a isso uma afinidade eletiva, só que dessa vez entre a mudança social e a tecnológica, não mais entre protestantismo e capitalismo. E, se não nos preocuparmos muito com linhas de causalidade descontínuas, poderemos segui-lo. De fato, é possível ver na granulosidade partilhada por culturas contemporâneas, etnias, grupos de interesse, gostos, estilos e pela emergente economia da mídia segmentada mais uma expressão da mesma interdependência sociotécnica.

As tecnologias da mídia podem ser vistas como cultura em outro sentido relacionado, embora contraposto: como produto de uma indústria cultural e como o objeto da cultura mais ou menos motivada, mais ou menos determinante, marcada pelo engaste de tecnologias nas estruturas do capitalismo tardio. Essa é a célebre posição dos antigos colegas de Benjamin, Theodor Adorno e Max Horkheimer (1972). Não obstante a inflexível estridência de seus argumentos, o que eles dizem deve ser reconhecido — como de novo isso parece ser — como uma crítica extremamente vigorosa à capacidade do poder do capital de trair a cultura enquanto alega defendê-la, e como uma análise abalizada das forças culturais desencadeadas pelas tecnologias da mídia (e eles mal viram televisão) na manufatura e na sustentação da massa como mercadoria e inteiramente vulnerável aos caprichos de uma indústria totalizante que não deixa nada, nem mesmo a madeixa da estrela de cinema, fora do alcance. Sabemos disso, apesar de avaliar a questão de outro modo.

Não há escapatória aqui. É a tecnologia que ganha, envenenando a originalidade e o valor, oferecendo banalidade e monotonia em seu lugar. A crítica é ao cinema, não a filmes específicos; à música gravada, sobretudo ao *jazz*, não a canções particulares. Tudo representa a industrialização da cultura: o sucedâneo, o uniforme e o inautêntico. E é fundamentalmente uma crítica da tecnologia como cultura, e da tecnologia como cultura impensável fora das estruturas políticas e econômicas, sobretudo econômicas, que a contêm, e sobre cuja bigorna sua produção diária é forjada.

Mas podemos pensar na *tecnologia como economia* de outra maneira. E não apenas como uma economia da tecnologia midiática, uma economia que depende de uma preocupação com mercados e sua liberdade, com competição, investimento, custos de produção e distribuição, pesquisa e desenvolvimento. Essa economia implica uma aplicação da teoria e da prática econômicas mais amplas ao domínio específico da mídia e da tecnologia, embora também aqui, desde o início, mudanças tecnológicas tenham obrigado os economistas a repensar princípios e categorias, sobretudo em conseqüência da produção do mercado mundial e da globalização da informação sem a qual tal mercado não poderia ser sustentado. O mercado de informação é bem diferente do mercado de bens tangíveis. Não há custos em sua reprodução, e há cada vez menos custos em sua distribuição. As economias de radiodifusão de serviço público, de acesso universal, de baixo espectro (e de sua abundância numa era pós-digital) nasceram à medida que nasceram as próprias tecnologias da mídia e da informação e à medida que elas, por sua vez, continuam a questionar e transformar a sabedoria econômica recebida.

Em nenhuma outra parte isso é mais verdadeiro do que na esfera da economia da Internet, na qual, pode-se argumentar, a informação é a mercadoria e também o princípio de sua administração. A nova economia tem de lidar com questões como segurança, proteção de dados, padrões e imposição dos direitos de propriedade intelectual. Precisa se harmonizar com um espaço econômico definido por um ambiente de informação em rápida expansão e ainda relativamente aberto, ambiente em que ocorre o comércio, o comércio eletrônico; ambiente do qual ele depende. Como diz Robin Mansell (1996, p. 117), "cada vez mais, empresas estão estabelecendo serviços comerciais na Internet, muitos dos quais sustentam os elementos de informação do comércio eletrônico". O *banner*. Informação a informação. Dinheiro a dinheiro. Mas como conseguir um pouco dele?

Num *workshop* na Universidade da Califórnia, acadêmicos europeus se reúnem com representantes do Vale do Silício: o empresário, o advogado, o economista, o analista financeiro, o jornalista e o cronista. Há defensores e críticos, mas os participantes são unidos por seu *status* de pessoas bem informadas e falam para todo o mundo em línguas. O que resulta desses dois dias e meio de conversa é uma visão de uma nova economia, certamente ainda relacionada com a antiga, mas impulsionada por novos princípios e práticas, que emergem do processo de tentativa e erro no ganho de dinheiro na Internet. Nesse mundo, o futuro é desconhecido, o passado pouco lembrado e, em todo caso, bastante irrelevante. O presente é a única preocupação. Banhada pelas ideologias evolucionistas da cultura americana, em que Darwin reina tanto no espaço econômico e social como nos âmbitos da biologia, e em que os atores individuais lutam por sobrevivência econômica num jogo cujas regras só surgem como resultado de suas ações e não como precondição delas — mais uma nova fronteira —, a discussão gira em torno das maneiras pelas quais a própria Internet está se tornando um produto de consumo.

A esfinge do consumo. Autorizadas por uma economia supostamente livre de atrito, em que as escolhas entre produtos são infinitas, a informação sobre eles acessível e clara, e nossa capacidade de decidir entre eles (finalmente) racional, nossas decisões de compra, como indivíduos e como instituições, não seriam restringidas por nada, a não ser por nossa capacidade de pagar. Ao mesmo tempo, no entanto, essa autorização é comprometida pelas várias estratégias que as empresas, tanto globais como locais, estão desenvolvendo para recrutar e restringir nossas escolhas. Nossas decisões de compra são registradas, preferências são verificadas, gostos definidos, fidelidades reclamadas. Fala-se de *compaks* (acordos de serviço, de recompra e de atualização que nos mantêm enganchados a um produto particular), *cliks* (feixes de informação compilada, sobre nossas decisões de compra *on-line*, fazendo o comportamento econômico corresponder a padrões de acesso a *sites*, o que permite um *marketing* altamente personalizado) e *zags* ("*Zip*, *age* e *gender*, e você o/a pega").

Fala-se também de "seguir o grátis": distribuir o *software* inicial gratuitamente, e ganhar dinheiro com *upgrades*, informação mais sofisticada ou produtos secundários. Navalhas e lâminas de barbear. Netscape, Bloomberg. Microsoft. Fala-se dos desafios de um espaço tecnológico superaquecido em que os ciclos do produto são medidos em meses, não em anos; do risco de os consumidores começarem a perceber (talvez já tenham percebido) que o último *upgrade* seria, realmente, o último. Do risco de que o carro de propaganda de potência maior e velocidade progressiva comece a abrandar a marcha e os consumidores comecem a se cansar. Certamente não. E fala-se do *volkscomputer*, a solução minimalista para os problemas da tecnologia complexa. Quem será o próximo senhor ou senhora da indústria do *hardware*, seu Henry ou Henrietta Ford?

Aprendemos sobre os mercados: o negócio de *video games* é agora maior do que Hollywood; o mercado de *karaokê on-line* no Japão vale dois bilhões de dólares. Aprendemos sobre o surgimento de mercados à vista para a compra de banda larga em linhas ADSL. Discutimos leis antitruste, direitos autorais e propriedade intelectual. O que é exatamente uma cópia no ciberespaço? Discutimos a marca, sempre a marca. O poder do nome, o significante de um produto global, o lugar da nova aura. Deus, a marca. Marca, o deus. Nike, o espírito da vitória. A divindade em que confiamos. A fonte de comunidade, e de saúde e de potência e de sucesso, que *apenas* existe — em oposição a Benjamin — em sua reprodução maciça, insaciável. Da quantidade à qualidade. Intel inside [e, de fato, a Intel está *inside* (dentro), adicionada no dispositivo de verificação ortográfica de meu dicionário. A boa e velha Microsoft.] Sigam-me. Sigam-me. Comprem-me.

E não são apenas as multinacionais que podem jogar esse jogo. Pessoas comuns também podem ter marcas. "Eu *sou* uma marca", diz um colaborador. "Meu livro sobre o Vale do Silício vendeu setenta mil cópias em todo o mundo. Tenho uma coluna regular no *web-site* da PBS. Vendo meus serviços como consultor. Tenho uma série de TV e estou começando um negócio de *software*". Seu cartão de visitas comercial diz "escritor, noticiarista, perito em computador", e mostra um computador de lado, com uma língua vibrante saindo da tela e braços se agitando desenfreadamente de ambos os lados do monitor.

As metáforas se sucedem num ritmo frenético, à medida que a discussão persegue continuidades e descontinuidades entre o presente e o que pouco se sabe ou se recorda do passado. Proctor and Gamble ainda estão aí, só que desta vez em *web-sites*, não em seriados. Como também a Microsoft, o eixo em torno do qual a Internet está começando a girar e fornecedor de uma infra-estrutura global de *software* sobre cujas plataformas os fabricantes menores de *software* estão desenvolvendo seus próprios produtos patenteados. É como se estivesse começando a surgir um monopólio natural; e essa companhia, forçosamente, global única está construindo todas as estradas em que o restante de nós deve transitar. Ou talvez não. O futuro será deixado a seu próprio cuidado; assim como o mercado. Pois na Califórnia, ou assim parece, o preço do fracasso é pequeno, as possibilidades de recomeçar reais, e os prêmios do sucesso vão além da medida. Isto é, para as grandes e pequenas empresas: aquelas com força e aquelas com astúcia; aquelas que podem comprar idéias e aquelas que realmente as têm. São as que estão no meio que acharão o trajeto difícil.

Se isso é verdade, então podemos ver a mesma coisa ocorrendo em outra parte, tanto no espaço político como no econômico. Nota-se uma tendência de a nova mídia criar uma sociedade com um terceiro excluído, em que, no mundo das organizações econômicas e políticas, o centro mediador, a firma de porte médio e, até mesmo, o Estado-nação estão sendo espremidos para fora da disputa, pelas forças do grande e do pequeno, do global e do local.

Com efeito, no mundo da Internet, assim como no espaço midiático mais amplo, a *tecnologia* também pode ser vista *como política*. E isso em duas dimensões. A política que aparece ou que pode ser defendida *em torno* da mídia é uma política de acesso e regulamentação, e a política que pode ou não ser possibilitada dentro da mídia é uma política da participação e da representação, em ambos os sentidos da palavra, em que novas formas de democracia podem surgir; ou, de fato, novas formas de tiranias.

Muito se falou, ao longo dos anos, sobre os efeitos da televisão, especialmente sobre o processo político; muito também sobre os efeitos conjuntos que a mídia, a mercadorização e o Estado burguês em ascensão têm sobre a possibilidade de um discurso democrático genuíno. Em ambos os casos, as tecnologias são necessárias, mas não necessariamente suficientes para a mudança. Elas só operam em contexto. Contudo, em nosso novo ambiente midiático há esperanças de que surjam, dos inauspiciosos primórdios da anarquia interativa que é a Internet em seu estado ainda relativamente livre, novas formas de política responsiva e participatória relevantes tanto para a comunidade global como para a local. Democracia *on-line*, prefeituras e referendos eletrônicos — esses são os elementos da nova retórica política que realmente vê a tecnologia como política. No entanto, essas esperanças dependem, elas mesmas, de uma política mais convencional que produzirá, ou não, políticas de acesso, definindo e garantindo alguma forma de serviço universal, protegendo a privacidade e as liberdades de discurso, administrando a concentração de propriedade e, de modo geral, guardando os frutos do espaço eletrônico para o bem social geral.

A mídia e as tecnologias da informação são onipresentes e invisíveis. De fato, elas o são cada vez mais à medida que microprocessadores desaparecem numa máquina após outra, monitorando, regulando, gerindo seu funcionamento, administrando o que elas farão por nós, criando e mantendo suas conexões com outras máquinas igualmente invisíveis. O computador, como tal, ou mesmo a televisão, podem rapidamente se tornar uma coisa do passado. *Tecnologia como informação.* Capturado na rede.

Em nossa dependência, e em nosso desejo, de tecnologia, nós, usuários e consumidores, somos coniventes com isso. Nós o compreendemos. Talvez até precisemos disso. Não precisamos ver a máquina ou compreender suas operações. Apenas a façamos trabalhar. Trabalhar para nós. A cultura é, numa medida significativa, uma questão de domar o selvagem. Fazemos isso com nossas máquinas, com nossa informação, assim como o fizemos no passado com nossos animais e nossas colheitas. Nessa atividade, há lógica e magia. Segurança e insegurança. Confiança e medo.

Precisamos compreender a tecnologia, especialmente nossas tecnologias da mídia e da informação, justamente nesse contexto, a fim de apreender as sutilezas, o poder e as conseqüências da mudança tecnológica. Pois as tecnologias são coisas sociais, impregnadas pelo simbólico e vulneráveis aos paradoxos e contradições eternas da vida social, tanto em sua criação como em seu uso. O estudo da mídia requer, por sua vez, esse questionamento da tecnologia.

Clamores textuais e estratégias de análise

Nesta seção vamos focar as maneiras pelas quais a mídia clama por nós. No centro desse foco está, é claro, uma preocupação com o poder da mídia, com sua eficácia e seus efeitos. Os clamores são por atenção, mas também por resposta. Nosso mundo mediado está rapidamente se inundando com mensagens e clamores a ser ouvidos; um excesso de informação, de prazeres, de persuasões, para comprar, votar, escutar. *Outdoors*, rádio, televisão, revistas e jornais, a World Wide Web, todos se acotovelando por espaço, tempo e visibilidade: para capturar um momento, tocar um nervo, provocar um pensamento, um julgamento, um sorriso, um dólar.

O foco é sobre a mecânica da mediação; sobre as técnicas, se não as tecnologias, que introduzem a mídia em nossa vida. Como capturar o olhar? Envolver o intelecto? Seduzir o espírito? Os textos da mídia são como todos os outros. Os meios para analisá-los e as perguntas que fazemos sobre eles não são essencialmente diferentes das indagações relativas a outros textos em outras épocas. O fato de eles serem, em algum sentido, populares, ubíquos ou efêmeros não desqualifica esse tipo de investigação. Pelo contrário, podemos usar os instrumentos de análise que nos serviram bem em outra parte. Precisamos saber *como a mídia trabalha*: o que nos oferece e como. E o ponto de partida para tal investigação está nos próprios textos e em suas reivindicações.

Podemos nos acercar dela de diferentes maneiras, pelo detalhe das mudanças horárias e diárias de caráter e conteúdo, ou pelas consistências e insistências da estrutura e da forma. Estou interessado nas últimas. Na análise da mídia, o diabo não está no detalhe. As novelas e os boletins vêm e vão, e, por mais encantados que possamos ficar com as minúcias do personagem ou da situação, é a produção do encantamento que precisa ser explicada. Mesmo o excepcional, o evento ou a catástrofe, os momentos únicos e transcendentes da cultura contemporânea são emoldurados e exibidos por formas familiares, que refreiam a perturbação que possam causar e os domesticam ao mesmo tempo em que os exploram ou os sensacionalizam.

Nesta seção focarei, portanto, os três principais mecanismos do engajamento textual: a retórica, a poética e o erotismo. Cada um deles obtém atenção para uma qualidade particular da mídia, à medida que ela procura nos persuadir, agradar e seduzir. A retórica, a poética e o erotismo são estratégias tanto textuais como analíticas. Todos os textos empregam tais estratégias de uma maneira ou de outra, e em diferentes graus. Mas, para compreender as complexidades do apelo textual e do poder da mídia, temos de pensar analiticamente, pois os textos nos engajam de diferentes maneiras e com diferentes chamados às nossas sensibilidades. As emoções são tão importantes quanto o intelecto. O superficial tanto quanto o profundo. E há diferentes meios de engajamento. Consumimos nossa mídia de diferentes maneiras, muitas vezes sem reflexão: estupefatos e alertas; muitas vezes ativos apenas em conformidade com nosso desejo e nossa capacidade de navegar nos espaços midiáticos, acionando o controle remoto ou clicando o *mouse*. Que espaços a mídia nos oferece e o que fazemos neles? Como ela opera e que operação realizamos como resposta?

4 Retórica

A retórica é tanto prática como crítica. Falar bem e para algum fim, compreender e ensinar a melhor forma de fazê-lo. Retórica, memória e invenção. Inextricavelmente entrelaçadas, elas antes formavam a base de uma cultura oral, pública: possibilitando a expressão, aumentando a criatividade, enobrecendo o pensamento: instruir, induzir, agradar. Parece que a retórica morreu com o Iluminismo, tornou-se ornamental. Falamos agora de mera retórica, desconfiados do artifício da expressão bem-acabada ou da metáfora estonteante. Mas também deploramos sua perda nos discursos de políticos e outras figuras públicas, aprisionados, como parecem estar cada vez mais, pela declaração de efeito e pelos obstrucionistas.

Acima de tudo, retórica é persuasão. Linguagem orientada para a ação, para a mudança de sua direção e para sua influência. É também linguagem orientada para a mudança de atitude e de valor. Induzir mas também dobrar: "A retórica está enraizada na função essencial da própria linguagem, uma função que é totalmente realista e renasce continuamente, o emprego da linguagem como um meio simbólico de induzir cooperação entre seres que, por natureza, reagem a símbolos" (Burke, 1955, p. 43).

Neste capítulo, quero explorar a retórica como uma dimensão da mídia, que ela palpavelmente é, e como um meio para análise da mídia, que ela, como se pode argumentar, deve se tornar. Quero defender a idéia de que os espaços que a mídia constrói para nós nas esferas pública e privada, em nossos ouvidos, olhos e imaginação, são construídos retoricamente e que, para compreender como a mídia faz seus apelos a nós, convém voltar-se, embora não servilmente, para os princípios, pelo menos, que alicerçaram tanto a realização como a análise das primeiras expressões da cultura oral pública. Quero defender a idéia de que a linguagem da mídia é uma linguagem retórica e que a conjetura do desejo de influenciar, como também a aceitação de uma hierarquia na estrutura da comunicação midiática, são mais apropriadas do que a conjetura, por exemplo, que sustenta a visão de Jürgen Habermas (1970), segundo a qual a linguagem é ou deveria ser apenas uma linguagem de igualdade e mutualidade.

De fato, como muitos autores reconhecem, persuasão implica liberdade. Não faz sentido tentar persuadir alguém que não pode escolher, que não pode exercitar um mínimo de livre-arbítrio. A persuasão também implica diferença, pois tampouco há sentido em tentar influenciar alguém que já pensa como você, a não ser talvez como um tipo de suplemento ideológico. A retórica repousa na hierarquia, num reconhecimento de tal diferença. Ela implica classificação e argumento, e não apenas persuasão. É fala, mas também escrita. Outrora, era crucial para a composição de "cartas e petições, sermões e orações, documentos legais e cartas, poesia e prosa, mas [também] para os cânones de interpretação das leis e da Escritura, para os dispositivos dialéticos de descoberta e prova" (McKeon, 1987, p. 166). Pode-se dizer que ainda o é.

Não existe, portanto, nenhuma contradição entre retórica e democracia, ou entre retórica e conhecimento. Pelo contrário, a retórica pressupõe e requer democracia; e na medida em que a retórica é *tanto* prática *como* crítica ela também a sustenta. A retórica é essencial tanto para o exercício do poder como para sua oposição. Do mesmo modo, na medida em que a retórica está no cerne da classificação e da comunicação, sendo definida e realizada como é por seus cinco ramos — invenção, arranjo, expressão, memória e transmissão —, ela também pressupõe que, não importa hoje sob que aspecto, *há* algo a ser comunicado.

Não discutirei, portanto, a mera retórica.

Zenão de Cício, ao distinguir a retórica da lógica, descreve-a como um punho aberto, bem diferente do punho cerrado da lógica. Segundo o relato de Cícero, ele afirmou que "a eloqüência era como uma palma aberta". Michael Billig (1987, p. 95), que cita isso, vê na metáfora uma importante verdade metodológica: o argumento pode ser distinto do punho fechado da lógica, a retórica marca um espaço de disputa e debate, uma forma de argumento que não sofre o fechamento às vezes arbitrário de uma lógica rigorosa. O punho aberto aponta o reconhecimento de que no mundo dos seres humanos sempre haverá — em matéria de lei, política ou ética, por exemplo —, diferenças de opinião, com nenhuma garantia de dissolvê-las.

Há, contudo, outra forma de explorar a metáfora de Zenão diretamente relacionada tanto com a mídia como com meu próprio argumento. Trata-se de ver no punho aberto uma reivindicação, uma solicitação, um chamado por atenção. De reconhecer que a retórica não garante êxito, que o orador pode pressupor uma audiência mas não insistir nela, que a discussão ou o apelo podem ser ignorados. O punho aberto não determina. Ele convida. A retórica exige uma audiência mas não pode inventar uma. A oração, o texto precisam, pelo menos, não apenas ser escutados, mas ouvidos.

Vivemos num espaço público em que as audiências estão em alta conta, a atenção está em alta conta, e nossa mídia oferece infinita e insistentemente um punho aberto: envolvendo, reivindicando, implorando atenção, comercial, política e esteticamente. Nossa preocupação deve ser com os mecanismos pelos quais isso é feito: com as maneiras pelas quais os anunciantes realizam seu trabalho, como também com o modo como a política partidária é conduzida; mas também com a maneira pela qual a mídia factual alega suas verdades e suas realidades. Devemos nos preocupar com a relação entre estratégias textuais e respostas da audiência, com a *retoricização* da cultura pública, e devemos estar em condições de fazer isso tanto analítica como criticamente.

Quando Habermas (1989) lamentou a refeudalização da esfera pública, a destruição do espaço frágil e efêmero (e imaginário, como se pode argumentar) que os membros masculinos da burguesia, na Grã-Bretanha do fim do século XVIII, criaram na imprensa e em seus cafés para discussão e debate, uma destruição resultante das forças conjuntas da mídia, da mercadorização e do Estado intruso, ele reconheceu o ressurgimento da retórica midiática como uma força dominante na vida pública, assim como fez uma leitura errônea desse fato. Talvez John Reith o tenha compreendido melhor quando formulou a missão da BBC como informar, educar e entreter. Como também Guy Debord (1977), quando vituperou contra a sociedade do espetáculo.

Consideremos, contudo, a que é talvez a mais fundamental conquista retórica de nossa mídia contemporânea, na verdade de todas as mídias, sobretudo a mídia factual: sua capacidade de nos convencer de que o que ela representa realmente ocorreu. Tanto o noticiário como o documentário levantam pretensões de verdade semelhantes. Como assinala Michael Renov (1993, p. 30), elas podem ser expressas como "Acreditem em mim, eu sou do mundo". O documentário consiste em sua aptidão para mobilizar provas éticas, emocionais e demonstrativas: o mérito de um argumento, o comover o coração, a coerência do gráfico estatístico. Em que sentido, como pergunta Jean Baudrillard (1995), a Guerra do Golfo *não* aconteceu?

E não apenas a Guerra do Golfo. Pode-se refletir sobre aquela fatídica noite de 1968 quando Neil Armstrong e Buzz Aldrin puseram o pé na Lua. Num estúdio em Wembley, norte de Londres, um grupo de jovens pesquisadores e produtores, já atarefados havia dias, davam os toques finais num programa ao vivo que traria as primeiras imagens da alunissagem, também ao vivo, para o país inteiro. O programa que precedeu as imagens esperadas envolveu a criação de uma discussão no estúdio com especialistas convidados, é claro, sendo também provavelmente o primeiro programa de TV com participação telefônica no Reino Unido: um processo, pode-se dizer, em que o selvagem além estava sendo reivindicado, e domado, para o consumo doméstico. Horas de espera e discussão, angústias infinitas nos bastidores, precederam a transmissão final das imagens ao vivo por satélite; imagens que eram ao mesmo tempo inteiramente estranhas e estranhamente familiares. Imagens mas também palavras: obscuras mas legíveis e audíveis; bonecos de sombra e vozes fracas, mas sinistras. As pretensões da história. Suas visões e seus sons. O locutor nos dizendo o que estava acontecendo; insistindo em sua importância, interpretando a matéria indistinta e, de tempos em tempos, mandando-nos de volta ao controle da missão.

A equipe de produção, uma vez livre das tarefas de administração dos funcionários e da enchente de telefonemas, reuniu-se num estúdio ao lado para assistir. Eles tinham a vantagem de uma tela gigante Eidofor que aumentava a granulosidade da imagem mas ao mesmo tempo abraçava o espaço do estúdio. Em certo sentido, eles realmente estavam participando; de alguma maneira, tinham contribuído para o evento: *eles* tinham posto os homens na lua.

Mais tarde, naquela noite, enquanto outras pessoas se encarregavam da continuação da reportagem, os pesquisadores partiram. Caminhando para casa, um deles pôde ver as tremulantes luzes azuis de televisores ainda ligados nas salas de apartamentos e casas ao longo da rua. Ele refletiu então, como faz agora, sobre a natureza daquela experiência, mediada, e sobre a capacidade da televisão, mas também do rádio, tanto naquela ocasião como agora, de alegar sua realidade e conferir-lhe importância. Como sabíamos que o que estávamos vendo na TV estava realmente acontecendo e não sendo encenado num terreno baldio em algum ponto de Hollywood ou da Flórida? Como julgáramos sua importância?

Parcialmente, é claro, a resposta reside em nossa confiança nas instituições responsáveis por nos trazer a história, a confiança em sistemas abstratos e técnicos que é um componente crucial da modernidade. Mas, parcialmente também, a resposta reside nas convenções da representação, nas formas de expressão, no equilíbrio frágil mas eficaz entre o familiar e o novo, o esperado e o inesperado, a segurança e o reconforto da narrativa e da voz; ela reside na linguagem, na retórica, do texto emergente e de sua sustentação por outros textos anteriores e posteriores, aqueles que continuamente reenfatizam e reafirmam a realidade alegada. A retórica neste caso ocupou o espaço, e ofereceu um vínculo entre evento e experiência, como sempre tentará fazer. Fomos levados a acreditar em algo de que não temos nenhuma prova independente. De vez em quando, e para sempre, é o texto que nos chama e nos reivindica. "Acreditem em mim. Eu sou do mundo." E a imagem não-confiável é silenciada pela embutida retórica de uma voz insistente.

Mas, evidentemente, não se tratava apenas de acreditar em algo ocorrendo fora do alcance, mas também de ser persuadido de sua importância e de seu significado. A alunissagem era o alvorecer de uma nova era; o triunfo — enquanto ainda transcorria a Guerra Fria — do bem sobre o mal e da superioridade das tecnologias e da bravura humana ocidentais sobre as do Leste comunista. Aqui, também, estavam nos pedindo que acreditássemos. E talvez, por um momento, muitos de nós o fizemos.

Os retóricos, tanto os velhos como os novos, assinalaram que a retórica, para ser eficaz, tem de se basear em algum grau de identificação entre o orador e a audiência. Você convence apenas enquanto fala a linguagem dela. Mudar uma opinião requer a aquiescência dos outros. No cerne da persuasão, e nas raízes da retórica, estão os lugares-comuns, os *topoi*, sem os quais não pode haver conexão, sem os quais não pode haver criação: nem memória, nem invenção. Os lugares-comuns são aquelas idéias e valores, molduras do significado, compartilhados e compartilháveis por falantes e ouvintes. São o familiar sobre o qual se baseia o novo, o óbvio e dado-por-certo sobre o qual se formam surpresas e se solicita atenção. Eles recorrem às compreensões e lembranças compartilhadas dos participantes, mas permitem a essas lembranças ser desafiadas e reformadas. Os lugares-comuns são onde a retórica encontra e explora o senso comum, às vezes pelo clichê, amiúde pelo estereótipo, formando uma estrutura de cognição e recognição sem a qual tentativas de persuasão resultam em nada. De onde vêm os lugares-comuns? Ouçamos Richard McKeon (1987, p. 34): "Enquanto a retórica dos romanos extraía seus lugares-comuns das artes práticas e da jurisprudência, e a retórica das humanidades extraía seus lugares-comuns das belas-artes e da literatura, nossa retórica encontra seus lugares-comuns na tecnologia da publicidade comercial e das máquinas de calcular". Os lugares-comuns são os símbolos compartilhados de uma comunidade. Compartilhados, embora não necessariamente incontroversos. Controversos, mas reconhecíveis. Cada sociedade terá seus próprios lugares-comuns, sua própria realidade, que se manifestam nas expressões e imagens da vida cotidiana, afixados em quadros de avisos, tremulando nas telas, fornecendo, juntos, estruturas para compreensão e preconceito, pedras de toque para a experiência e locais para a retórica midiática do fim do século XX. Os lugares-comuns articulam o que poderia passar por opinião pública. Eles também dependem dela.

Retórica é técnica. Poder-se-ia dizer tecnologia. Richard McKeon, citando Aristóteles na *Ética a Nicômaco*, chama-a "arte arquitetônica": "Uma arte arquitetônica é uma arte do fazer. As artes arquitetônicas tratam dos fins que ordenam os fins das artes subordinadas" (1987, p. 3). Seus mecanismos são os tropos, assim como as figuras: os tropos, principalmente a metáfora, a metonímia, a sinédoque e a ironia; as figuras — das quais não há nenhum divisor inequívoco que as separe dos tropos —, que os retóricos clássicos, em suas diferentes maneiras, enumeraram e classificaram:

> As figuras do discurso são os traços, as formas ou os estilos de expressão com efeito mais ou menos notável, mais ou menos privilegiado, e pelos quais, na expressão de idéias, pensamentos e sentimentos, o discurso se desvia

mais ou menos do que teria sido a expressão simples e comum (Todorov, 1977, p. 99).

Com o declínio da retórica, foi mais sua dimensão figurativa do que a persuasiva que caiu no foco de preocupação. A retórica, como nota Tzvetan Todorov, tornou-se, imperceptivelmente, estética: o estilo se tornou ornamento; e a retórica, mera retórica.

No entanto, as figuras, "as luzes do pensamento e da linguagem", continuam a ser a matéria da eloqüência e do argumento. Cícero relaciona algumas, e talvez seja apropriado demorar-nos, por um momento, nessa lista, ao menos para refletir sobre as continuidades de expressão e as coincidências de mediação por ela sugeridas. Claro, não se trata aqui de insistir que tal classificação e tal análise sejam suficientes para uma compreensão de como nossa mídia *trabalha*, mas de indicar que — seja qual for a iniciação que definamos como apropriada para nossa cultura eletrônica, secundária, oral — essa parte dela deverá algo às formas clássicas de expressão, que são parte do texto, mas também o excedem. Assim, quando Stuart Hall e seus colegas (1978) investigam as maneiras pelas quais atos individuais de violência se tornam *mugging* (assalto) e, como tais, uma questão de importância nacional, ou quando Stanley Cohen (1972) escreve sobre o pânico moral ocasionado por choques intermitentes entre *mods* e roqueiros nas cidades litorâneas, eles estão envolvidos, entre outras coisas, numa análise retórica. Podemos ver a retórica em atividade tanto na mídia como por meio dela; sobretudo naquele aspecto do retórico que conhecemos como amplificação. E podemos começar a reconhecer sua importância política.

Mas voltemos a Cícero. No Livro III de *De Oratore*, ele discute estilo, metáfora, sintaxe, ritmo, o efeito subconsciente do estilo (e de seus lapsos) sobre a audiência, e raciocínios:

> Pois causa-se grande impressão demorando-se em um único ponto, e também pela explicação clara e pela apresentação quase visual dos eventos como se praticamente estivessem acontecendo — que são eficazes tanto ao declarar um caso como ao explanar e amplificar a declaração, com o objetivo de fazer o fato que amplificamos parecer para a audiência tão importante quanto a eloqüência é capaz de fazê-lo; e a explanação é amiúde contraposta por uma revisão rápida, e por uma sugestão que faça compreender mais coisas do que realmente se diz, e pela concisão alcançada com a devida consideração à clareza, pela detração e, fazendo par com ela, pelo gracejo... (Cícero, 1942, pp. 161-163).

Ele fala de digressão, repetição, redução, exagero, atenuação, ironia, da questão retórica, de hesitação, distinção, correção, de preparar a audiência para o que se vai fazer, de tomar a audiência como parceira, de personificação etc. Fornece uma lista de figuras de linguagem (*repetitio*, *adiunctio*, *progressio*, *revocatio*, *gradatio*, *conversio*, *contrarium*, *dissolutum*, *declinatio*, *reprehensio*, *exclamatio*, *immunatio*, *imago*): todas exemplos da "verdadeira dicção... é como uma arma, empregada para uso, para ameaçar ou atacar, ou simplesmente brandida para exibição" (Cícero, 1942, pp. 165-167).

Pode-se ver aqui como ficou fácil (e Torodov aponta o próprio Cícero como o ponto de virada) o orador tornar-se o retórico, e o retórico tornar-se o classificador obsessivo de fraseados, o catalogador de estilos e fantasias verbais. Não é de surpreender que a retórica tenha se tornado um palavrão.

Ela se tornou um palavrão, embora disfarçadamente, após seu breve *revival* no estudo da mídia nos anos 1970. Era a época dos estruturalistas e semióticos, que mergulharam fundo nas linguagens da mídia, primeiro no cinema e depois na televisão, explorando estruturas e formas, examinando as condições de possibilidade de significado (estruturalismo) e de sua determinação (semiótica). Havia mérito nesse empreendimento, a primeira tentativa vigorosa de investigar o poder da mídia de uma maneira independente da análise de efeitos, mas ele fracassou precisamente em sua suposição desse poder. Ofereceu uma análise do significado num ponto do processo, mas não investigou suas conseqüências nem os significados possibilitados como plurais, diversos, instáveis, contestados. Não se sentiu obrigado a investigar o social ou o humano, a inquirir as indeterminações no seio da comunicação. Pelo contrário, nessa época (também mais tarde e agora) o sujeito humano, outrora considerado a fonte da invenção e o lugar apropriado para investigar a relação entre mídia e experiência, estava desaparecendo nas estruturas, tanto literárias como institucionais, em que se percebia que esse poder era exercido.

A clássica análise do anúncio da Panzani feita por Roland Barthes em sua "Retórica da imagem", uma das primeiras análises fundamentadas da retórica da cultura do consumidor (embora McLuhan, o arquirretórico, tenha antecipado essa tentativa em cerca de dez anos em seu livro *The Mechanical Bride*), oferece uma descrição das imagens como ideologia e das maneiras sutis, e não tão sutis, de transmitir o significado. A retórica, de fato, surge "como o aspecto significante da ideologia" (Barthes, 1977, p. 49). As imagens sempre foram consideradas inconfiáveis. As palavras eram a segurança. Mas, no mundo do consumo de massa, nem uma nem outra eram consideradas mais do que disfarces: truques para o incauto, lugares para trancar o enfeitiçado consumidor dentro de textos e ciclos de produtos, assim como dentro do politicamente incorreto.

Quero afirmar, e isso se tornará uma espécie de estribilho, que semelhante atenção ao texto midiático, a sua mecânica e, neste momento, a sua retórica, é uma abordagem necessária, mas insuficiente, para compreender a mediação na cultura e na sociedade contemporâneas. A iniciação em mídia (tema do qual falarei mais no próximo capítulo) não exige mais nem menos do que outras formas de iniciação: capacidade de decifrar, apreciar, criticar e compor. É também preciso, pelo menos a meu ver, uma compreensão do local apropriado da reivindicação textual numa perspectiva histórica, sociológica e antropológica. É preciso uma avaliação do mistério e da mistificação.

"No mistério deve haver estranheza; mas o estranhado também deve ser pensado como, de alguma forma, capaz de comunicação" (Burke 1955, p. 115). Nossa eloqüente mídia. O que une Kenneth Burke e Roland Barthes em suas análises da retórica é a importância central da classe; é a comunicação através de classes, da divisão material, que cria o espaço para a retórica: uma forma de discurso, na visão de Burke, em que a inevitabilidade da hierarquia é mascarada, mas também legitimada. A retórica cria mistério. O capital o explora. Persuasão é flerte. A bajulação da diferença de classe e sexual. Aqui temos a retórica como produto social, exigindo uma análise não só social como textual. Aqui temos também uma chave para a retórica da cultura popular, a bajulação perfeita.

As raízes da retórica residem, de um lado, nessas fundamentais diferenças de tipo e, de outro, no desejo de comunicação que as atravessa. Atingir uma audiência, mas também se identificar com ela. Mobilizar os lugares-comuns partilhados da cultura do momento, mas transpô-los criativamente: pois lugares-comuns são os lugares da invenção e da inovação, assim como da memória e do memorial.

Examinar os textos da mídia retoricamente é examinar como os significados são produzidos e arranjados, de modo plausível, agradável e persuasivo. É explorar a relação entre o familiar e o novo; decifrar a estratégia textual. Mas é também investigar a audiência; encontrar onde e como é colocada no texto; compreender como os lugares-comuns se relacionam com o senso comum; como a novidade é construída sobre uma base familiar; e como os truques são criados e os clichês mobilizados em mudanças de gosto e estilo. A propaganda é essencial (uma recente exposição no Victoria and Albert Museum, em Londres, usou a imagem do punho aberto em sua própria publicidade). Mas, como disse, o noticiário e o documentário também o são. A retórica pública em palavra e imagem, estruturada pelo ângulo da câmara e pelo tom de voz, pelas formas familiares de representação e reflexibilidade; pelas guinadas de argumentação, debate e apelo; pela articulação de uma cultura pública, nunca inocente, adulatória para enganar; misteriosa, mistificante; oferecendo, alegando, desafiando uma realidade.

Meu argumento é que a retórica mudou de lugar. Ela passou da especificidade do texto para as generalidades da cultura, ubíqua e insistentemente visível, ubíqua e insistentemente audível. Campanhas políticas são vencidas e perdidas, retoricamente, enquanto imagens e argumentos são construídos e administrados em sucessivas campanhas da mídia. A metáfora militar de Cícero é eficaz. A publicidade é a industrialização da retórica, brandindo sua mercadorização. O noticiário e o documentário nos fornecem o material do mundo real em formas e estruturas e tons de voz que nos convencem de sua veracidade e de sua honestidade. Geralmente não temos dificuldade em aceitar o que é dito, em aceitar, pelo menos, sua agenda.

Essas retóricas públicas, estratégicas em sua ocupação dos lugares dominantes do capitalismo tardio e global, devem se conectar com o cotidiano; a metáfora pública, com a privada. Sem audiência, nada de conexão. Sem lugar-comum, nada de comunidade. Mas, mesmo então, nada de garantia.

5 Poética

Histórias. Nós as contamos uns para os outros. Sempre fizemos isso. Histórias para consolar, surpreender, entreter. E sempre houve contadores de história, sentados junto à lareira, viajando de cidade em cidade, falando, escrevendo, encenando. Nossas histórias, nossos mitos e lendas populares definiram, preservaram e renovaram culturas. Narrativas de perda e redenção, de heroísmo e fracasso. Histórias que tanto manifestam como secretamente oferecem modelos e lições, rotas para o passado e o futuro, guia para os desorientados. Histórias que desafiam, provocam e solapam. Histórias com começo, meio e fim: estruturas familiares, temas reconhecíveis, agradáveis por sua variação; uma canção bem cantada, um conto bem contado, um suspense bem-feito. Nossas histórias são tanto públicas como privadas. Aparecem no sagrado e no profano, alegando realidade, fantasiando, apelando à imaginação.

Histórias precisam de audiência. Precisam ser ouvidas e lidas, mas também contadas e escritas. Há também uma reivindicação por comunidade no contar, um desejo de participação, uma sedução, uma suspensão da descrença, um convite para adentrar e partilhar, embora por pouco tempo, outro mundo. As histórias vivem além do contar, em sonhos e conversas, sussurradas, recontadas, repetidas vezes. São uma parte essencial da realidade social, uma chave para nossa humanidade, um vínculo com a experiência, e uma expressão dela. Não podemos compreender outra cultura se não compreendemos suas histórias. Não podemos compreender nossa própria cultura se não sabemos como, por que e para quem nossos próprios contadores de histórias contam seus contos.

No entanto, Walter Benjamin, ao considerar a história na modernidade, lamenta seu declínio e vê a origem deste declínio no excesso de informação que a mídia, para ele sobretudo a imprensa, realmente lança sobre nós, isolando-nos da experiência, em vez de nos conectar com ela:

> a substituição da narrativa mais antiga pela informação, da informação pela sensação reflete a crescente atrofia da experiência. Há, por outro lado, um grande contraste entre todas essas formas e a história, uma das mais antigas formas de comunicação. O objetivo da história não é comunicar um acontecimento *per se*, propósito da informação; ela, antes, o incrusta na vida do contador de história, a fim de passá-lo adiante como experiência para os ouvintes. Ela, portanto, traz as marcas do contador de história, assim como o vaso de barro traz as marcas da mão do oleiro (Benjamin, 1970, p. 161).

Acredito que Benjamin esteja errado. Na mídia contemporânea, deparamos, não com a ausência de histórias, mas com sua proliferação, tanto no interior como ao redor dos textos da mídia. Também observamos cada vez mais a turvação das fronteiras entre informação e entretenimento, fatos e histórias, turvação que muitos acham perturbadora, mas que ninguém pode ignorar. Ainda temos a capacidade de relacionar os produtos da mídia com a experiência, não obstante sua capacidade de alienação. Ainda conservamos em nossa cultura um senso profundo de encantamento. A mídia encanta. Somos, significativamente, encantados. A história sobrevive — no faroeste e na novela; no relato dos grandes eventos midiáticos do dia e na narração de contos de comédias de situação para adolescentes; em nossa preocupação com as estrelas e em nossa fascinação com nossa origem e nosso futuro. De fato, ela prospera, recorrendo, como lhe é possível agora em nossa era eletrônica, às fontes oral e impressa; extraindo seus recursos, cada vez mais, de culturas globais; fazendo agora sérias exigências de tempo e atenção, fornecendo a atratividade da cultura popular: atraindo, engajando, saturando, consumindo; uma mercadoria num mundo comercial.

As histórias proporcionam prazer, mas também ordem. Elas requerem uma certa iniciação para ser ouvidas com prazer ou desalento, assim como uma certa iniciação para criticá-las e compreender como operam. É esse último tipo de iniciação — baseada na necessidade de compreender precisamente a conexão entre mídia e experiência, a relação entre intenção e apelo, interesse e resposta, texto e ação, de compreender os mecanismos do envolvimento da mídia em nossa vida cotidiana — que estou discutindo aqui. Nossas histórias são textos sociais: rascunhos, esboços, fragmentos, estruturas; indícios visíveis e audíveis de nossa cultura essencialmente reflexiva, convertendo os eventos e idéias tanto da experiência como da imaginação em contos diários nas telonas e nas telinhas. Sob esse aspecto, elas são nossa cultura, gostemos disso ou não, expressando as consistências e contradições da fantasia e da classificação, e oferecendo textos para que nós, suas audiências, nos posicionemos, nos identifiquemos com personagem e tom, sigamos a trama e retiremos (ou não) alguma coisa da capacidade de imitação da narrativa.

Contar histórias está sempre no subjuntivo. Ele cria e ocupa o território do "como se": provocando anseios, possibilidade, desejo; levantando questões, procurando respostas. Victor Turner (1969) vê isso como uma função do ritual, essas atividades que ocupam um espaço liminar, marcado de modo mais ou menos claro por uma soleira que o separa do cotidiano. O ritual tanto faz parte como difere do cotidiano. Permite um lugar para o jogo. As histórias ocupam um espaço cultural similar.

Assim, quando nós, como estudantes da mídia, inquirimos os prazeres narrativos oferecidos por uma novela ou por uma *sitcom*, estamos investigando sua capacidade de articular alguma coisa de nossa cultura comum. Procuramos compreender os ritmos de sua narrativa, sua caracterização, suas maneiras de representar um mundo reconhecível; de oferecer personagens — a mulher forte, o adolescente perdido de amor, o doente de aids, a criança maltratada — e situações — divórcio, conflitos por causa de dinheiro, morte — com os quais as audiências podem se relacionar e se relacionam. Essa representação e essa relação nem sempre são fáceis de compreender, certamente não para os que consideram o objeto de engajamento inaceitável, sem qualidade. No entanto, devemos tentar.

Mas como? As tendências mudam; no mundo acadêmico não menos do que em outros lugares. E as tendências mudaram no estudo das narrativas da mídia de maneira bem significativa nos últimos vinte anos, à medida que várias formas de desconstrução literária erodiram sua pretensa autoridade. Estas resultaram em versões do mundo, realmente numa estética, segundo as quais os significados se dispersaram, ficando tão dispersos quanto as culturas e identidades de quem os produz, sobretudo em sua recepção: os leitores, espectadores, consumidores.

É claro, temos de reconhecer que os discursos do mundo são múltiplos, tanto os populares como os da elite. Eles se sobrepõem. Convergem e divergem. São instáveis. Falamos de traços de significados, os filetes prateados que as lesmas deixam nos muros de jardim. Encontramos significados feitos dialogicamente, na interface entre texto e leitor, ou conversacionalmente, na interatividade do bate-papo na Internet. Falamos da fratura de identidades numa era pós-moderna, das indeterminações de etnias, classes, gêneros e sexualidades em torno dos quais as culturas se formam, oferecendo-nos uma coisa agora, outra depois; aqui, acolá, em toda a parte, enquanto vagueamos, nômades, pelo tempo e pelo espaço. Somos vistos como foliões num carnaval sem fim; num baile de máscaras no hiper-real, e cercados por ele.

Não posso negar tudo isso, mas penso que muita coisa aí é fantasia: uma projeção irônica e irreflexiva que ignora, principalmente, a materialidade tanto do símbolo como da sociedade. Ela compreende mal a capacidade dos textos de convencer, moldar significado, propiciar prazeres, criar comunidades; também compreende mal as realidades da produção de significado e os prazeres reivindicados e sustentados diferentemente, é claro, conforme a classe, a idade, o gêneros e a etnicidade, mas, ainda assim, reais para todos.

Por isso, quero argumentar que os textos têm importância, as histórias vivem, e que a mídia requer sua própria poética: "Em contraposição à interpretação de obras particulares, [a poética] não procura nomear o significado, mas almeja um conhecimento das leis gerais que presidem o nascimento de cada obra" (Todorov, 1981, p. 6). Uma poética da mídia investigaria as estruturas do discurso midiático, os princípios de sua organização e o processo de seu surgimento. Mas também investigaria como esses discursos se envolvem com os leitores e públicos, como criam os significados, os prazeres e as estruturas de sentimento que aparecem nas mentes conscientes e inconscientes dos que se permitem um mínimo de encantamento, ao lado do rádio, ao teclado, diante da tela.

Convém começar com Aristóteles.

Sua investigação recai sobre os princípios que alicerçam e possibilitam a poesia: a trágica, a cômica e a épica; e sobretudo a primeira delas, a tragédia. Seu ponto de partida é a imitação: a mimese. Segundo ele, a imitação é natural à humanidade. É o que nos distingue dos animais; é natural que todos os seres humanos se deleitem com obras de imitação. A tragédia, implicando, como o faz, a imitação de temas sérios numa versificação grandiosa, assim como exibindo os homens como melhores do que são no presente (a comédia os representa como piores), é a forma suprema de imitação. Ela contém seis partes: espetáculo, melopéia, elocução, caráter, pensamento e enredo, dos quais o último é o mais importante:

> A tragédia é uma imitação não de pessoas mas de ação e de vida, de felicidade e infelicidade. E a felicidade e a infelicidade residem na ação, e a própria finalidade da vida é uma ação, não uma qualidade. Ora, os homens possuem tal ou tal qualidade conformemente ao caráter, mas bem ou mal-aventurados pelas ações que praticam. Daqui se segue que, na tragédia, não agem os personagens para imitar caracteres, mas assumem caracteres para efetuar ações (Aristóteles, 1963, p. 13).

Os enredos são a própria alma da tragédia. Eles têm unidade, um começo, um meio e um fim, necessariamente inter-relacionados. O poeta não descreve o que aconteceu, mas o que poderia acontecer, o que o distingue do historiador. A tragédia não imita apenas ações completas, mas também incidentes que provocam compaixão e medo. Seu mais forte impacto é causado pela apresentação do inesperado e do maravilhoso. A complexidade é tudo: a peripécia e a descoberta, seus elementos. Sua meta é o que poderíamos chamar a suspensão da descrença: "O enredo... deve ser composto de tal maneira que quem *ouvir as coisas* que vão acontecendo, ainda que nada veja, só pelo acontecido trema e se apiede" (Aristóteles, 1963, p. 23).

O mundo, é claro, mudou desde Aristóteles; mas não completamente. A mimese, o realismo, a verossimilhança, também são o âmago de nossa poesia, ainda que esta venha na forma da comédia de situação e do longa-metragem, ainda que nossas tragédias e comédias se espalhem na programação da noite e em diferentes canais, ainda que apareçam apenas em folhetins, *pulp fiction* ou vídeos alugados. Tudo isso — com graus variáveis de sucesso, e certamente sujeito a diferenças de valor — exige uma análise. Precisamos saber como essas coisas operam.

E precisamos fazê-lo sem cair na armadilha dos formalismos que definiram a poética como um empreendimento da teoria literária. Embora seja perfeitamente aceitável ver nas narrativas contemporâneas ecos de formas mais antigas, dos mitos e contos populares de culturas anteriores à escrita, embora seja possível ignorar as uniformidades do contar histórias ao longo das culturas e do tempo e se possa argumentar que tais tipos de histórias preenchem funções similares às da cultura oral, refletindo, refratando, resolvendo (ou pelo menos parecendo resolver) os grandes e pequenos dilemas da vida e da crença em suas culturas anfitriãs, seria um erro insistir que tais perspectivas esgotam as complexidades de nossa própria cultura de mídia. Pois nossas histórias são parte de uma cultura refratária mais ampla, e suas passagens através de culturas, de Hollywood a Teerã, como também da Broadcasting House a Birkenhead, estão longe da neutralidade em suas conseqüências ou quanto a seus significados.

A poética da mídia deve se estender além do texto e examinar os discursos que os textos podem estimular, mas não determiná-los. Há um caminho a ser tomado entre a mão pesada do determinismo textual e as alegações, igualmente implausíveis, em favor da capacidade dos leitores de ter apenas sua própria compreensão. Tal poética precisa investigar a relação entre histórias contadas e seu recontar, suas ampliações e distorções, nos contos que contamos uns para os outros na vida diária. Precisa investigar as histórias secundárias, terciárias e quaternárias que se formam como cracas ao redor dos cascos de novelas ou campeões de bilheteria: as histórias que a imprensa marrom conta sobre seus personagens e os atores e atrizes que os interpretam; ou a apropriação de tais histórias, tanto pela mídia como por nossas conversas, para dentro de outros mundos: os mundos da política, do esporte e da família ao lado.

Essa apropriação depende, por seu turno, da acessibilidade dos textos apropriados, de sua transparência, de sua naturalidade. Jonathan Culler (1975) distingue cinco maneiras pelas quais essa *vraisemblance* é produzida num texto, história ou poema; cinco maneiras pelas quais se pode dizer que ele está afirmando um certo tipo de familiaridade, ajustando-se às expectativas dos leitores, oferecendo um mundo compartilhado, uma cultura compartilhada. A primeira é a alegação de estar representando o mundo real, a atitude natural. É baseada na expectativa de que o que se está representando é simples, coerente e verdadeiro. A segunda é baseada na representação e na dependência do saber cultural compartilhado, um saber que pode ser específico a uma sociedade e não a outra e sujeito a mudança, mas que, apesar disso, é visto como natural de uma maneira óbvia e auto-evidente por seus membros. Esses apelos textuais são culturalmente específicos e dependem, por exemplo, da presença de estereótipos culturais. É possível ver esse aspecto da *vraisemblance* como ideológico.

A terceira é dependente do gênero, das convenções textuais que marcam uma narrativa ou outra como sendo de um tipo particular e, enquanto tal, reconhecível aos leitores e às audiências como, digamos, um *western*, um filme *noir*, um policial ou uma comédia de situação. "A função das convenções de gênero é essencialmente estabelecer um contrato entre autor e leitor de modo a tornar operativas certas expectativas relevantes e permitir, assim, tanto a aquiescência a formas aceitas de inteligibilidade como o desvio delas" (Culler, 1975, p. 147). A quarta é mais facilmente expressa como um tipo de naturalização de segunda ordem ou de reflexividade em que os textos se referem a si mesmos como artificiais, mas como resultado, nesse autoconhecimento, reclamam sua autenticidade. O narrador audível e autoconsciente é uma expressão dessa versão da *vraisemblance*: o noticiário televisivo ocorrendo numa sala de redação em atividade poderia ser outro. A dimensão final é a da intertextualidade; pela paródia, pela ironia, pelo pastiche e simplesmente por referência a outro conteúdo ou forma, os textos se referem uns aos outros e, ao fazê-lo, alegam um certo tipo de naturalidade, uma familiaridade sobre a qual construir sua diferença e sua surpresa.

Todas elas são estratégias textuais, mas, como a retórica, são alegações, não compromissos. Podemos resistir aos agrados até mesmo de um enredo bem-feito. Podemos converter sua mensagem em nossa própria. E, claro, fazemos isso. O tempo todo. Nos últimos anos, realizou-se, no estudo da mídia, muita pesquisa que insiste na capacidade de leitores e públicos de construírem seus próprios significados quando confrontados com o texto singular. *Dallas* foi um foco importante, e com razão, não só em virtude de sua imensa audiência nos Estados Unidos, mas também de seu apelo no mundo todo, à exceção do Japão. Esses estudos formularam as características particulares das relações dos públicos com *Dallas* como uma história, vendo-a como um foco de ligação sentimental em que os espectadores se vinculavam e se identificavam mais com situações do que com o realismo do enredo não-realista (Ang, 1986), ou com a capacidade de públicos etnicamente distintos de relacionar suas próprias vidas à narrativa mediante identificação com dilemas morais, políticos e econômicos (Liebes e Katz, 1990). Cada um desses estudos, e há muitos deles, associa a representação textual à experiência ou, pelo menos, a algum aspecto da experiência, sem talvez abordá-la como tal.

A confiança é uma mercadoria negociável, aqui como em qualquer outra parte no processo da mediação. E a experiência? Não vamos reificá-la. Ainda precisamos entender como a mídia entra em nossos mundos da vida cotidiana, como sua poesia nos alcança, nos toca e nos capacita a compreender, manejar e avançar. É nesse sentido que uma poética da mídia deve interpretar a exigência de identificar "as leis gerais que presidem o nascimento de cada obra" para incluir a construção de significados que se dá além do ponto da publicação da obra, pois eles, em sua atenuação, também são governados por regras (se não são parecidos com leis), sujeitos como estão aos padrões estruturados da vida social. De fato, a *Poética* de Aristóteles não fala de estrutura, mas de estruturação; e, como já salientei, a estruturação (ou, em meus termos, a *mediação*) só é completada na mente ou na vida do leitor ou do espectador.

Há ligações a ser feitas entre narrativa e compreensão prática. "Se, de fato, a ação humana pode ser narrada, é porque ela é sempre já articulada por signos, regras e normas. É sempre simbolicamente mediada... as formas simbólicas são processos culturais que articulam a experiência." Assim, Paul Ricoeur (1984, p. 57), discutindo a relação entre tempo e narrativa e evocando Santo Agostinho e Aristóteles (assim como, em sua citação, Ernst Cassirer), dá à mimese — como já comecei a fazer — o *status* de ligação-chave entre a narrativa e a experiência. E, para Ricoeur, o tempo é essencial. É a ordenação temporal da experiência que nos permite seguir a ordenação temporal de uma narrativa, e é a ordenação temporal da narrativa que nos permite compreender a experiência; "o tempo se torna humano na medida em que é articulado por um modo narrativo, e a narrativa alcança todo seu significado quando se torna uma condição da existência temporal" (Ricoeur, 1984, p. 52).

Posso seguir uma história porque vivo no tempo. Tenho meu início e meu fim, uma vez e derradeiramente, mas também multiplamente nas horas, dias e anos de minha vida partilhada com os outros. A vida é salpicada de narrativas, tanto públicas quanto privadas, que me possibilitam compreender, pelo menos um pouco, quem, o que sou e onde estou. As histórias que ouço, as que repito ou imagino, baseiam-se em minhas experiências de tempo, as quais dependem, elas mesmas, de meu conhecimento dessas histórias.

Nossa mídia existe no tempo: o tempo do calendário anual dos grandes eventos, eles mesmos narrados no tempo; o tempo da agenda semanal e diária, modelada segundo, e reforçando, a temporalidade da semana de trabalho; o tempo das narrativas interrompidas do noticiário e da novela; o tempo das confissões infinitamente recursivas dos *talk shows* vespertinos, narrativas após narrativas, inícios, meios e fins, histórias para repetir, lembrar, rejeitar e resistir. Essas narrativas explicam. Contam-nos como ele é, e ele *é* como elas nos contam, não apenas nas fantasias subjuntivas do "como se", mas por nossa capacidade de nos reconhecer, em alguma parte, durante algum tempo, dentro delas. E seguir um enredo implica envolvimento em diferentes qualidades de tempo; em sua configuração, sua inteireza, na noção de seu fim, no reconhecimento do familiar e — na repetição — de uma expressão do não-linear, do não-progressivo. Tempo para a frente e reversão do tempo. Tempo repetido. Tempo interrompido. Rápido. Devagar. Linhas e círculos. O estruturador e o estruturado. São o tempo biológico e o social que formam nossa capacidade de ler e ouvir; e, como se pode argumentar, são o tempo biológico e o social que estão na base da capacidade que os contos midiáticos, alguns deles, têm de ignorar a especificidade das culturas.

Em minha consideração da retórica, tive de distinguir mistério de mistificação e exigir que uma retórica da mídia investigasse ambos, sua inter-relação e as implicações de suas contradições; agora também se faz necessária outra distinção. Como nos adverte Elin Diamond, precisamos diferenciar mimese de arremedo e lembrar, como ela, quão suspeitosa era a descrição da imagem por Platão. O espelho mente. Mas, pior do que isso, ele seduz seu portador a acreditar que o poder do real é capturado na imagem. Para Diamond, o espelho é um instrumento capacitante e, além disso, marcado pelo gênero sexual; não para a fidelidade, mas para a diferença, não para a reflexão, mas para a refração, e a mimese não é uma questão de imitação, mas de representação. A mimese é performance. A mimese, como a performance, "é um fazer e uma coisa feita". Ela é assim. A mimese *é* capacitante. Não é necessariamente verdadeira. "De um lado, [a mimese] fala ao nosso desejo de universalidade, coerência, unidade, tradição, e, de outro, desenreda essa unidade pela improvisação, pelo ritmo corporificado, por poderosas instanciações da subjetividade, e pelo que Platão mais temia... o arremedo" (Diamond, 1997, p. v).

Nossa poética da mídia precisa, portanto, ir além do descritivo. Ela não pode tomar o valor declarado pelo que parece ser. Mas deve compreender que a crítica depende de uma compreensão dos processos em atividade. Nosso deleite com histórias, nossa capacidade de relaxar a seu lado, de esquecer um pouco as pressões da vida diária ao lado do alto-falante ou diante da tela são parte do que nos capacita a permanecer humanos. Isso não é mero sentimento. Essa capacidade, essa habilidade de suspender a descrença, de entrar no território mal-e-mal delimitado do "como-se", em busca dos prazeres da cognição e da recognição, é provavelmente tão importante agora, se não mais, como jamais foi. Mas as conseqüências desse engajamento, para a identidade e para a cultura, para nossa capacidade de continuar a agir *no* mundo, ainda estão longe de ser compreendidas.

Esse argumento tem, por sua vez, suas conseqüências. Ele deve ser lembrado, antes de corrermos apreensivos para depositar os desastres da imoralidade ou da criminalidade contemporâneas na porta da mídia, como se coincidência fosse causação, como se justaposição fosse explicação, como se as histórias da influência não mediada fossem espelhos, como se nossas ações não fossem elas mesmas influências e estruturas para compreensão, como se o contador de histórias estivesse de algum modo fora da sociedade em que ele conta suas histórias. Como se.

6

Erotismo

O prazer é um problema, é claro. Talvez não para nós como indivíduos. Sabemos do que gostamos, o que nos excita. Nossos gostos são suficientemente claros. Buscamos sensação, a nosso modesto modo. Prazeres partilhados ou prazeres culpados. Recorremos a programas ou *web-sites* que pensamos nos satisfarão, tentando recuperar o alvoroço, a diversão de ontem. Prazer no jogo, na piada, na situação, na fantasia. Nada de errado nisso. Inocência. Entretenimento. Sem dano a ninguém.

As indústrias da mídia estão equipadas para fazer vir o prazer, fácil e eterno. Naturalmente. Nossos próprios Xanadus particulares. Os CDs empilhados até o alto no canto da sala, os vídeos na prateleira, os *sites* favoritos à distância de um clique; e prazeres a ser obtidos em movimento; dentro e fora de casa, pela televisão, pelo cinema, ligado a *walkmen* e aparelhos de som.

Neste capítulo, pretendo discutir o erotismo não tanto como produto do texto, mas como produto da relação entre espectadores, leitores e audiências e os textos e eventos midiáticos que oferecem prazer. Prazer requer participação. A relação de forças pende para o lado do consumidor. Prazeres do corpo e prazeres da mente; o físico e o cerebral entrelaçados. Prazer, excitação, sensação são constantemente oferecidos, mas poucas vezes realmente entregues; a não-consumação é a norma.

Sim, o prazer é um problema de várias maneiras. Sabemos do que gostamos, mas achamos difícil explicar por que gostamos do que gostamos. Passamos muito tempo em frente da televisão assistindo a nossos programas prediletos, mas muitas vezes não nos contentamos com o resultado. A patrulha cultural da direita e da esquerda nos diz que os prazeres a serem adquiridos pela cultura da mídia são ou debilitantes ou falsos: que eles trivializam, distorcem; nos seduzem para fora do mundo real. E as minorias morais nos dizem que alguns prazeres são totalmente errados: que os prazeres a ser obtidos com o sexo e a violência não deveriam ser oferecidos nem aceitos. Contudo, num mundo cada vez mais baseado numa ideologia do direito do indivíduo ao consumo, há inúmeras vozes para defender e legitimar todo e qualquer prazer e os direitos da mídia de dar às pessoas o que elas querem.

Há problemas ainda mais profundos para nós, quando estudamos a mídia. Pois, mesmo num mundo pós-cartesiano, nosso pensamento é ainda coagido pela separação de mente e corpo, e pela prioridade dada à definição do humano como uma criatura racional. Por conseqüência, podemos pensar muito bem sobre pensamento, mas o sentimento é uma história completamente diferente. Sensação, importância, desejo são coisas que não discutimos muito nem em nossa vida diária nem em nossas teorias. O erótico escapa. A vergonha e a razão conspiram para reprimi-lo. O corpo desaparece atrás do véu da mente.

Em 1939, uma publicação especial da Penguin, *Britain*, pela Mass Observation, apareceu nas livrarias do Reino Unido. Como diz a capa da primeira edição: "Observação em massa, um movimento iniciado no começo de 1937 por dois jovens e que agora abarca cerca de dois mil observadores voluntários no país inteiro, existe para estudar o comportamento cotidiano na Grã-Bretanha — a Ciência de Nós Mesmos". Era um tipo de sociologia espontânea. Charles Madge e Tom Harrisson puseram-se a investigar e registrar o que a nação estava realmente pensando. Numa época em que os políticos, em sua tentativa de mobilizar apoio e legitimar sua própria indecisão, insistiam em se referir ao que a nação queria, acreditava e pensava, esses dois homens decidiram investigar o que a nação realmente queria, acreditava e pensava. Era, pode-se dizer, o início da pesquisa de opinião pública naquele país, mas também o início de uma tentativa, em que ainda estamos envolvidos, de ir além dos pronunciamentos públicos da ideologia e da política e ouvir as vozes do povo comum cujas vidas e agendas seriam, sem tal investigação, invisíveis, dados-por-certos e facilmente exploráveis.

É um livro maravilhoso, surreal. A investigação de seus autores consistiu em inquirir sobre o que o povo pensava e compreendia a respeito da tempestade iminente em geral e das medidas tomadas por Chamberlain para impedi-la, em particular. Crise. Que crise? Era um teste de conhecimento, e também um teste de crença, mas não tratava apenas de política. Pois Madge e Harrisson perspicazmente reconheceram que o cotidiano tem sua própria cultura, e que essa cultura popular, quase exclusivamente da classe operária, e os valores que a animavam eram tão legítimos quanto quaisquer outros. Havia vida ali. Era diferente. E era físico.

Podemos pôr de lado, por um momento, a acusação de que o próprio estudo reforçava um tipo de romantização das rudes classes operárias, enquanto seguimos o relato de sua vitalidade. Em vez disso, podemos focar as vozes dos que responderam, a defesa delas nas páginas do livro e a distância ligeiramente cômica, ligeiramente perplexa, que separa os observadores e os observados.

Um estudo baseou-se na Lambeth Walk, a dança popular e, por pouco tempo, global que virou mania na época (em outubro de 1938 uma "morena" foi a Roma para ensiná-la a Mussolini, e "o príncipe russo Sergei Obolonsky, o desportista colunável de Mayfair, apresentou-a ao café *society* de New York em 29 de julho"). A Lambeth Walk teve suas origens, literalmente, no andar empertigado do *flâneur* londrino da classe operária masculina e retornou às pistas de dança urbanas por sua apropriação por Noel Gay, educado em Cambridge e compositor do show *Me and My Girl*, cujo maior sucesso era a canção "Lambeth Walk"; por Lupino Lane, o comediante de *music-hall* que se tornou sua estrela; por Mr. C. L. Heimann, diretor executivo dos salões de dança de Locarno, e por Miss Adèle England, principal dançarina do ramo Streatham de tais salões, que entre eles criou e demonstrou a nova dança e seus passos. Isso sem falar da BBC, que tocou a canção intensamente. Buscando as origens da dança, Madge e Harrisson descobriram um baixo-ventre da cultura da classe operária: de festas espontâneas, de travestismo e excesso físico. Como nota um observador, comparando sua experiência de Lambeth Walk com as danças nativas do sul do Sudão: "Elas terminam muito francamente de uma maneira que se poderia esperar. A meu ver, o erotismo é a principal atração de toda a dança" (major reformado, Mass Observation, 1939, p. 171).

Um segundo estudo foi sobre a luta livre, esporte agora entregue às margens da TV a cabo, que teve seu florescimento no Reino Unido pelo menos nos primeiros anos da televisão comercial, mas que esteve bastante em voga nas arenas da classe operária do norte da Inglaterra antes da guerra. Madge e Harrisson falaram com os organizadores e lutadores, mas sobretudo com os espectadores. Eles falaram sobre um esporte que não era bem um esporte. Era profissional e, acima de tudo, era performance. Eram os gladiadores. Forçando. Fingindo. Representando para a multidão. Mídia de massa antes da televisão. Quais eram os prazeres de tal esporte? Eram eróticos. Ouçamos duas dessas vozes:

> Quase todo lutador é um individualista. Não estão sobrecarregados com dezenas de regras e sutilezas, como é o caso no boxe... desse modo, cada lutador desenvolve um estilo e muitos truques e gestos que são essencialmente seus. Há também os incidentes incomuns, ausentes em outros esportes. Como o lutador alemão fazendo a saudação nazista e recebendo uma vaia. Ali Babá tirando seu

> tapete e orando a Alá. Lutadores se recusando a lutar até que o adversário tenha as unhas cortadas ou o óleo retirado de suas costas, ato que causava intensa excitação antes de começar a luta. Espatifando a tigela na cabeça um do outro, quebrando o banco, provocando a platéia e cuspindo nela, dançando, gritando e correndo pelo ringue, irados, rasgando a camisa do juiz, pulando sobre ela e atirando o juiz para fora do ringue (um freqüentador, Mass Observation, 1939, pp. 132-133).
>
> No começo, a luta livre me enojava, mas agora gosto muito dela. Nenhum outro esporte tem espécimes tão robustos de masculinidade como a luta livre. Acho uma mudança tão grande ver verdadeiros machões depois dos homens sem fibra e insípidos que encontramos no dia-a-dia (uma mulher, Mass Observation, 1939, p. 133).

Prazeres proibidos? Não exatamente, mas, com certeza, prazeres que seria improvável ver reconhecidos na cultura da classe média, e certamente não em 1938. Pois aqui se fala de corpo.

No entanto, todos nós temos nossos momentos, esses momentos, até mesmo na tela, em que a excitação crua e física da vida, do vivo, a explosão de força, habilidade ou beleza transcendem os prazeres normais, plácidos, rotineiros do consumo midiático e irrompem de maneira imprevista, mas sempre desejada e antecipada, em nossos sentidos. O momento em que Scott Hastings, o zagueiro e capitão escocês, invade o campo francês após a derrota de uma partida de rúgbi no Parc des Princes e brada em direção da linha lateral e da câmera colocada ali para capturar justamente esse momento: músculos pulsando, bochechas inflando, tendões estendidos, nenhum outro pensamento possível. Ou Bruce Springsteen ou Tom Jones. Esporte e música. Perfomance e jogo. Tais momentos são transcendentes, o sublime da cultura mediada, como também da não-mediada, mas demasiado dependente do vivo ou da representação manifesta do ao vivo; e dependente também da comunhão de som, imagem, surpresa e envolvimento físico. Os *replays* não substituem o gol. Ele tem de ser real.

Eros é vida. A conexão é incontestável. O vivo se torna vida quando o corpo é tocado. O suspiro de reconhecimento, identificação, surpresa e o gemido de prazer. Freud, em sua obra mais tardia, viu em Eros o fundamento da civilização, como viu seu motor na tensão entre vida e morte. Também estamos começando a ver como os corpos são importantes para uma compreensão da sociedade e da cultura. E já me referi à importância central do corpo tanto para a experiência como para nossa capacidade de partilhá-la.

Mas como os textos da mídia se conectam com os corpos? Como nos solicitam como sujeitos eróticos? De muitas maneiras, é claro. De muitas, muitas maneiras. Para elaborar suas considerações sobre os prazeres mediados, a Mass Observation se vale de observações desacanhadas de participantes, de uma estrutura significativamente influenciada tanto pelo surrealismo como pela psicanálise. Outras considerações são mais pessoais, investigando os fios eróticos particulares que tecem o feitiço que fixa e transfixa. O ferrão. Ao seguir essa maneira de pensar sobre o erótico, pretendo empregar as idéias de um de seus teóricos supremos, não tanto para endossar quanto para ilustrar o que pode ser pensado e dito. Há espaço para isso na agenda de quem quer estudar a mídia, por mais difícil que possa ser saber como trabalhar com os pontos que são levantados.

Eis, então, Roland Barthes, o grande crítico literário e teórico supremo do sublime textual:

> O lugar mais erótico de um corpo não é *onde o vestuário se entreabre*? Na perversão (que é o domínio do prazer textual) não há "zonas erógenas"... é a intermitência, como disse muito bem a psicanálise, que é erótica; a intermitência da pele que cintila entre duas peças (as calças e o suéter), entre duas bordas (a camisa entreaberta, a luva e a manga); é essa cintilação que seduz, ou ainda: a encenação de um aparecimento-como-desaparecimento (Barthes, 1976, pp. 9-10).

Barthes rejeita o alegado erotismo do *strip-tease* cumulativo da narrativa, definindo o prazer refinado como o que resulta do libertar-se dos prazeres construídos, confortáveis, esperados do ler, do assistir. O contraste é, com efeito, entre prazer e fruição (*jouissance*, em francês). Enquanto o primeiro reforça, a segunda dessarranja. É a pergunta que é erótica, não a resposta. Não causa surpresa descobrir que Barthes não encontra muita coisa genuinamente erótica nos produtos da cultura de massa. Em sua repetição, em sua exploração dos supostos prazeres que seus públicos vão procurar e inevitavelmente encontrar, na fetichização do novo; no controle que esses textos alegam ter e realmente exercem sobre o leitor — não há nada de especial aí para Barthes. Alguns livros incitam o desejo, construindo e antecipando prazeres por vir, e inevitavelmente desapontarão, como todo desejo está condenado a ser desapontado; outros livros propiciam esses momentos de *jouissance*: "O momento em que meu corpo segue suas próprias idéias — pois meu corpo não tem as mesmas idéias que eu" (Barthes, 1976, p. 17).

Essa discussão é pessoal sem ser subjetiva. Barthes nos pede que consideremos — por meio de sua própria experiência e de sua própria declaração, tanto implícita como explícita, de sua própria sexualidade — nossa própria posição a respeito das coisas que lemos e vemos; as coisas que procuramos para nossos prazeres, e as coisas que transcendem esses prazeres esperados. Não precisamos limitar nossa própria versão do erótico à de Barthes, mas cada um de nós *tem* sua própria versão. E ficamos incomodados com o discurso, e é assim que tem de ser, pois o erótico é difícil. Não temos uma linguagem para ele; de fato, por sua própria natureza, ele escapa à linguagem.

Quero, no entanto, ficar mais um pouco com Barthes, pois em seu último grande livro, *A câmara clara* (1984), ele volta a tratar desses tópicos, embora dessa vez no contexto da imagem fotográfica e não no da palavra. E, ao fazê-lo, ele também nos aproxima do mundo da mídia eletrônica.

Em sua preocupação com a imagem, os termos *plaisir* e *jouissance* são substituídos por dois outros, colhidos agora da linguagem e da teoria clássicas. Ele está olhando uma fotografia. O que vê? Vê duas coisas. Vê uma imagem. Vê o que essa imagem capturou: o que pode ter sido a intenção do autor ao tirá-la e moldá-la como um objeto cultural. A imagem o interessa. Ele a respeita. Nota como é familiar, embora talvez nunca a tenha visto antes. De fato, ele vê morte em todas as fotografias: uma imagem, um momento, uma pessoa, que já não é mais, que já não é muito parecida com aquilo. Ele reconhece a fidelidade da imagem, apesar de saber que é construída. Sabe que, embora seja condenada pelo tempo e pelo lugar em que foi tirada e por sua parcialidade, a imagem diz contudo a verdade. Isso *é* como *era*. A câmara não pode mentir: "A fotografia torna-se então um *medium* bizarro, uma nova forma de alucinação... falsa no nível da percepção, verdadeira no nível do tempo: uma alucinação temporal... (de um lado, 'não está lá'; de outro, 'mas isso realmente esteve')" (Barthes, 1984, p. 169). A fotografia naturaliza sua própria bizarria. E nos sentimos à vontade com sua generalidade. Esse senso geral do ver, essa solicitação geral para uma fotografia ser vista, é o que Barthes chama de *studium*.

Mas Barthes também vê algo mais na fotografia, ou pelo menos em algumas fotografias. Ele o chama de *punctum*. É a punctura do inesperado. Alguma coisa na imagem que a fratura, um acidente, um momento, um ponto, que, nas palavras inimitáveis de Barthes, "me fere, é pungente para mim" (Barthes, 1984, p. 46). O *studium* é codificado — ele se ajusta às regras da estruturação e da expectativa, garante a fotografia como legível e a imagem como reconhecível —, mas não o *punctum*. E, mais uma vez, o *punctum* é o que escapa, ainda que momentaneamente, à linguagem. Pode ser que a princípio eu não o veja, mas ele vive em mim e em meu reconhecimento de sua significância (tenho de me tornar Barthes neste momento); e, como o objeto transicional que Winnicott diz ser a semente da criatividade, Barthes vê o *punctum* como um acréscimo: "É o que acrescento à fotografia e *o que todavia já está lá*" (Barthes, 1984, p. 85, itálico no original).

Então o que ele vê? Um senso de vitorianismo numa fotografia da rainha Vitória sobre um cavalo com John Brown a seu lado. A ternura de uma mão (a de Mapplethorpe) num braço estendido numa imagem de uma cabeça e a parte de um tronco; um vislumbre no privado mundo da infância num gorro de pano numa criança russa; a pretensão de respeitabilidade nos sapatos com presilhas de uma negra num retrato de família: o detalhe, o inesperado, o sugestivo; aquilo que se arroja sobre o observador e transpõe a moldura oferecendo significância, que é, como ele diz, "significado, *na medida em que é sensualmente produzido*" (Barthes, 1976, p. 61, itálico no original).

Na visão de Barthes, o *punctum* erotiza a imagem, assim como a relação entre observador e imagem. Assim como no texto escrito a fratura toca Barthes, aqui, no visual, a punctura o faz: um momento sinestésico de puro prazer, e que tanto na palavra como na imagem implica a conjunção sibilante entre o corpo escrito e visto com o corpo que lê e vê.

Há riscos em seguir essa idéia muito longe. Mas ainda restam coisas por dizer, pois Barthes, desconfiado como é do premeditado em todas as suas formas textuais, aventura contudo algumas observações sobre a fotografia noticiosa, o cinema e a pornografia, o que me permitirá ir além da natureza específica da formulação barthesiana do erótico e, ao mesmo tempo, defender a importância *do* erótico como uma chave para compreender como nossa mídia opera. Fazer isso exigirá, por seu turno, uma leitura modesta, e divergente, de Barthes.

Para começar. As fotografias noticiosas não são eróticas.

> Nessas imagens, nada de *punctum*: um certo choque — o literal pode traumatizar — mas nada de distúrbio; a foto pode "gritar", não ferir. Essas fotos jornalísticas são recebidas (de uma só vez), percebidas. Eu as folheio, não as rememoro; nenhum detalhe (em algum canto) vem interromper minha leitura: interesso-me por elas (como me interesso pelo mundo), não as amo (Barthes, 1984, p. 67).

As fotografias noticiosas — que ele já estudou em suas manifestações míticas e ideológicas num livro anterior (Barthes, 1972) — são, todas, *studium*. As imagens nelas contidas são unitárias (ele as chama de unárias): uma mensagem única, um significado último é tudo que é alegado, tudo que é exigido. Uma realidade representada sem ironia e sem distúrbio. Daí podem se seguir duas coisas. A primeira é, talvez, uma maneira que ajude a compreender por que as imagens de violência nos noticiários nunca são vistas como motivo para censura; é porque, em sua integridade, elas não provocam; são assexuais. A segunda é bem diferente. Consiste em dizer que, apesar das próprias preferências de Barthes e de sua antipatia pela generalidade da imagem noticiosa, é perfeitamente possível imaginar que tal imagem *poderia* ser erotizada por outro leitor, um não-Barthes. Assim como a retórica e a poética demandam a presença do leitor ou do ouvinte, estes também são exigidos agora. Aqui, como em qualquer outra parte, são necessários dois para dançar o tango.

Caso semelhante se dá com o cinema. Barthes é atraído até ele negativamente, como algo, por assim dizer, que solapa a possibilidade de um toque erótico. Pois o cinema está em movimento, e a imagem nunca é imóvel o suficiente. Ela é puxada perpetuamente para a frente, um fluxo que carrega consigo uma recordação imediata do que acabou de suceder e uma antecipação do que virá. A imagem cinemática:

> não se agarra a mim... Como o mundo real, o mundo fílmico é sustentado pela presunção de que, como diz Husserl, "a experiência continuará a fluir constantemente no mesmo estilo constitutivo"; mas a Fotografia rompe o "estilo constitutivo" (está aí seu espanto); ela é *desprovida de futuro* (estão aí seu *pathos*, sua melancolia)... (Barthes, 1984, p. 134).

É o fluxo que mata: algo que também poderíamos observar na televisão (mas não necessariamente na Internet). Mas talvez sejamos sábios o suficiente para evitar isso. Talvez, por outro lado, tenhamos aprendido como o cinema e o fixo olhar cinemático — isto é, a maneira pela qual podemos olhar e realmente olhamos para nós mesmos no espelho da imagem fílmica — ainda são, de uma maneira importante, eróticos, embora, como muitos disseram, narcisistas, auto-eróticos.

E, finalmente, o pornográfico: o canto rasgado da vida erótica da mídia e de nossa vida erótica com nossa mídia. Nem é preciso dizer que a pornografia é uma mercadoria pura; ela explora. De fato, ela é a personificação da exploração; capitalismo em sua forma mais intensa, mais nua. Mas, na visão de Barthes, ela não é necessariamente erótica, ou jamais o é. A representação dos órgãos sexuais pela pornografia faz deles "um objeto imóvel (um fetiche), incensado como um ídolo que não sai de seu nicho... não há *punctum* algum na imagem pornográfica... o corpo pornográfico mostra-se, não se dá, nele não há nenhuma generosidade" (Barthes, 1984, p. 89).

Estamos sendo levados em direção da audiência. O erótico está, em seu início e em seu final, na pessoa. Os textos, como observei, podem apenas alegar. E Barthes também faz suas alegações. É uma voz entre muitas. Mas ele aponta para o poder requintado do texto: a capacidade da palavra escrita ou da imagem mediada de capturar o momento, de tocar, inspirar, seduzir. É claro, os pesquisadores nessa área há anos têm se preocupado com os efeitos da mídia sobre os leitores ou espectadores, efeitos que, de tempos em tempos, são avaliados em laboratórios por técnicas que monitoram a excitação sexual. Outros, com preocupação semelhante, invocaram metodologias mais naturais em sua tentativa de descobrir as fontes do poder da mídia: entrevistas, observações, etnografias da vida diária. E ainda outros tomaram o caminho psicanalítico, a que tanto Barthes como eu, neste capítulo, recorremos para explorar o oculto e o inexprimível no desejo como uma maneira de conectar as pessoas, suas paixões e preferências midiáticas. A sua maneira, cada um desses caminhos é uma tentativa de compreender como a mídia trabalha e, é claro, como trabalhamos com a mídia. Cada um é uma tentativa de compreender a significância.

Mas Barthes, a sua revelia, também dá a entender algo mais. Há fruição na cultura de massa. O erótico é tanto uma precondição como a justificação da experiência. É por uma esperança transcendente, uma esperança e um desejo de que algo nos toque, que somos atraídos até esses textos e performances que, em outros aspectos, seriam mundanos e triviais. Então procuramos, e às vezes encontramos, algo que vá além do sugestivo. Também voltamos aos *sites* e programas onde uma vez o encontramos e esperamos reencontrá-lo. Nossa obsessão, com novelas, jogos de futebol, filmes de esfaqueadores ou estrelas de cinema e vídeos musicais, é uma maneira de maximizar nossas chances. No entanto, e essa é a natureza de tais coisas, essas buscas são amiúde inteiramente autoderrotantes. Empates sem gol.

Por certo, é difícil participar da discussão de tais tópicos sem fazer juízos de valor pessoais, sem impor o gosto próprio, as versões próprias do que vale como erótico, autêntico, real. Também é difícil evitar a reflexão sobre como nossa cultura, em sua própria sofisticação, corporifica o que ela considera ser o erótico e como ela o afixa nas paredes, telas e páginas da vida pública. Como o erótico se torna o *sexy*, e como o *sexy* é tudo o que ela parece absorver. É difícil evitar asserções de patologia, tanto em relação ao indivíduo como no que respeita à sociedade como um todo.

É, de fato, um lugar-comum observar que tudo se reduz a sexo. À própria obsessão da psicanálise foi trivializada e deturpada no recontar e em sua própria reprodução mecânica. Meu pensamento aqui é um pouco diferente. Esforcei-me para identificar uma investigação dessa parte de nossas vidas que escapa ao reconhecimento fácil; para lidar, talvez inadequadamente, com a força do não-racional na vida cotidiana e como componente de nosso consumo da mídia. Quero reconhecer o distúrbio e conceder-lhe seu lugar. Estive procurando o inconsciente no significado oculto das mentes, da mídia e da experiência. Não fiz mais do que abrir uma janela, principalmente neste capítulo. Uma janela, contudo, que não deve ser fechada.

Dimensões da experiência

A nova, agora clássica, indagação feita pelos pesquisadores da mídia nas décadas de 1950 e 1960 não era "o que a mídia faz para nós?", mas "o que fazemos com nossa mídia?". Essa é minha questão agora, embora precise ser recomposta. Nesta seção, pretendo investigar mais a fundo as maneiras pelas quais os textos da mídia, as tecnologias que os transmitem e nossas próprias respostas ao que vemos, ouvimos e àquilo com que interagimos também interagem. Quais são os mecanismos do engajamento? Como compreender as dimensões social e cultural da mediação, enquanto surgem no ponto de conexão com nossa mídia? Quais aspectos da experiência cruzam com as imagens, vozes e sons que compreendem nosso ambiente midiático?

No entrelaçamento dos significados da mídia com os nossos, não estamos livres nem acorrentados. Tampouco ainda nos engajamos — mesmo que um dia o tenhamos feito — com os produtos da mídia de uma maneira racional ou funcional. Os espaços em que vivemos, tanto em nosso mundo interno como no externo, são dificultados pela vida que levamos e pela pressão da mídia em nossas mentes e almas. Limites estão aí para ser transpostos. Sons para ser remasterizados. Imagens para ser remodeladas. Mas significados estão aí para ser fixados, aceitos, possuídos, ainda que momentaneamente. A pressão da informação, seu ruído, sua intrusão. As infinitas exigências para escolher, decifrar, discriminar. O que fazemos com nossa mídia e como o fazemos? Como administramos?

O estudo da mídia implica investigar psicologia social e a sociologia da experiência visual e da experiência da visão, que não são a mesma coisa. Ele requer uma investigação dos espaços que se formam em volta e além da interface: globo ocular, tímpano, tela e alto-falante. Esses espaços são discursivos. No interior deles, os significados são produzidos e rejeitados. O pressuposto é que, em algum sentido, o espectador de televisão ou o ouvinte de rádio (e não apenas o *leitor* de jornal) são ativos; de que ver, ouvir e ler requerem algum grau de comprometimento, algum tipo de escolha, de conseqüência. O pressuposto é que nos aproximamos de nossa mídia como seres conscientes (a despeito das latas de cerveja vazias amontoadas ao redor do sofá após uma noite em frente da TV). E o pressuposto é que os significados por nós produzidos que envolvem nossa mídia, que podem exigi-la ou depender dela, são significados como outros quaisquer e produto de nossa capacidade, como seres sociais, de ser no mundo.

Nesta seção, exploro algumas maneiras de pensar sobre esse problema da produção de significado e experiência. Essa exploração exige uma investigação dos diferentes tipos de relações que temos com nossa mídia. Implica uma compreensão tanto da mídia como de suas audiências como jogadores, representando uns para os outros, fazendo alegações e contra-alegações, levantando questões uns para os outros, partilhando um contexto para ação em que ambos, em diferentes graus, de diferentes maneiras e em diferentes momentos, são agentes. O contexto para a ação se associa ao lugar-comum da retórica e à mimese da poética. É onde a mídia encontra a vida cotidiana.

7

Brincadeira

Como comecei a afirmar, a experiência da mídia é, num sentido importante e geral, subjuntiva. Ser no mundo mas não dele. Ser dele mas não nele. Perceber que a mídia fornece uma estrutura para a experiência, mas também perceber que a própria mídia é transformada pela experiência. Reconhecer o papel da mídia em contribuir para os diferentes timbres e matizes da vida diária; para seu caráter ordinário, como também para sua natureza única; tanto para a generalidade como para a intensidade da experiência: esses eventos seminais, estruturais que são, para indivíduos e grupos, decisivos na definição da identidade e da cultura. Admitir que grande parte da cultura, de nossa cultura, da cultura da mídia, consiste em aceitar o caráter "como se" do mundo.

A vida cotidiana implica contínuo movimento através de fronteiras e limiares: entre o público e o privado; o sagrado e o profano; o palco e os bastidores; as esferas do real e do fantástico; a realidade interna e a externa; o individual e o social. Algumas dessas fronteiras são bem indistintas, invisíveis a olho nu, insignificantes. Outras são mais claramente marcadas: marcadas pelos eventos, tanto mediados como não-mediados, que salpicam a vida cotidiana e fornecem a ocasião para diferentes tipos de ação social, ou para uma ação social particularmente intensa. É claro, pode-se dizer que, em nosso mundo moderno tardio, ou até mesmo pós-moderno, tais fronteiras estão se tornando cada vez mais indistintas, à medida que as realidades obscurecem ou são homogeneizadas, sobretudo como resultado da própria mídia, e à medida que as sociedades pré-modernas altamente ritualizadas ou as sociedades em modernização dão lugar a uma nova ordem social e cultural. Mas também se pode dizer que essas fronteiras e limiares, mais frágeis ou não, ainda existem e são diariamente recriados nas atividades e vidas do povo urbano e suburbano, em culturas populares e subculturas, como também na alta cultura, e nos intermináveis rituais diários de engajamento ou evitação.

Muitos autores, tanto nas ciências humanas como nas sociais, abordaram essas questões e encontraram na noção de *brincadeira* uma poderosa maneira de investigá-las. Quero, neste capítulo, explorar a brincadeira como instrumento de análise da experiência midiática e defender a idéia de que o estudo da mídia requer atenção à brincadeira como uma atividade nuclear da vida cotidiana, embora extremamente desprezada sobretudo nos discursos do Iluminismo ou do pós-Iluminismo que frisam, e apenas valorizam, a sóbria racionalidade e o progressivo e apropriado desencantamento do mundo. Isso, claro, não significa dizer que a brincadeira é irracional e que os jogos que a institucionalizam no mundo moderno são, eles mesmos, o foco da — e para a — ação não racional.

Ao contrário, a brincadeira é totalmente racional. O fato é que suas formas de racionalidade não são as do mundano, do cotidiano. Bem, não muito. A brincadeira é parte da vida diária, assim como é separada dela. Entrar num espaço e num tempo para brincar é transpor um limiar, deixar algo para trás — um tipo de ordem — e apreender uma realidade diferente e uma racionalidade definida por suas próprias regras e termos de troca e ação. Brincamos para deixar o mundo. Mas não é o mundo. E retornamos.

A brincadeira é um espaço em que os significados são construídos pela participação dentro de um lugar partilhado e estruturado, ritualmente demarcado como diferente da ordinariedade da vida cotidiana (como algo que não é essa ordinariedade), um lugar de segurança e confiança modestas, em que os jogadores podem abandonar sem perigo a vida real e se envolver numa atividade que é significativa em seu excesso governado por regras. Como Jan Huizinga (1970) a define:

> a brincadeira é uma atividade voluntária. Brincar para ordenar não é mais brincar... uma segunda característica está intimamente conectada com isso, a saber: a brincadeira não é vida "comum" ou "real". É, antes, uma saída da vida "real" para entrar numa esfera temporária de atividade com uma disposição toda sua... No que tange a suas características formais, todos os estudiosos frisam o *caráter desinteressado* da brincadeira. Por não ser vida "comum", ela está fora da satisfação imediata de carências e apetites... A brincadeira é diferente da vida "comum" no que se refere à localidade e à duração. Esta é a terceira

> característica da brincadeira: seu isolamento, seu ser-limitada... [a brincadeira] cria ordem, *é* ordem... toda brincadeira tem suas regras. Estas determinam o que "vigora" no mundo temporário circunscrito pela brincadeira (Huizinga, 1970, pp. 26-30).

Para Huizinga, a brincadeira implica, tanto literal como metaforicamente, um espaço cercado. A brincadeira é a categoria geral da qual os jogos são a corporificação específica. A noção de brincadeira tanto excede como abarca a de jogo. A brincadeira está associada ao ritual, o qual, como veremos no próximo capítulo, também está ligado à performance. A brincadeira implica a suspensão da descrença, não a "ilusão completa" (Huizinga, 1970, p. 41). A brincadeira é a cultura do "como se" por excelência.

Há muitas maneiras de ver a mídia como lugar para a brincadeira, tanto em seus textos como nas respostas que eles engendram. E não apenas no barulho sem fim do jogo de computador. Assistir à televisão, navegar na Internet, fazer palavras cruzadas, adivinhar as respostas num *quiz*, participar de uma loteria — tudo implica brincadeira. A mídia tem a capacidade (de fato, ela depende completamente dessa capacidade) de envolver o público em espaços e tempos distintos das — e delimitados em relação às — confusões da vida cotidiana, que sem isso seriam implacáveis. Temos um limiar para ultrapassar toda vez que participamos do processo de mediação. Novas liberdades, mas também novas regras. Novos prazeres. Tanto surpresas como segurança. O desafio do novo dentro dos limites do familiar. Riscos administrados. Jogos, em sua infindável recorrência eletrônica, que, diferentemente do que ocorre na vida, nunca perdemos realmente.

Roger Caillois (1962) formulou uma crítica de Huizinga. Ele também descreve a brincadeira como essencialmente livre, circunscrita nos limites do tempo e do espaço, incerta, improdutiva, governada por regras sob convenções que suspendem as leis ordinárias e implicam o faz-de-conta. É "acompanhada por uma consciência especial de uma segunda realidade ou de uma irrealidade livre, em contraposição à vida real" (Caillois, 1962, p. 10). Em seguida, ele distingue quatro dimensões da brincadeira: começando com *agon* (competitividade) e *alea* (acaso):

> *Agon* e *alea* implicam atitudes opostas e de algum modo complementares, mas ambas obedecem à mesma lei — criar para os jogadores condições de igualdade pura, que lhes são negadas na vida real. Pois nada na vida é claro. ... A brincadeira, como *agon* ou *alea*, é assim uma tentativa de substituir a confusão normal da vida contemporânea por situações perfeitas (Caillois, 1962, p. 19).

E, então, passando para *ilinx* (vertigem, rendição, possessão de um tipo físico) e *mímica* (disfarce e identificação, prazer em se passar por outro):

> Com uma exceção, a *mímica* exibe todas as características da brincadeira: liberdade, convenção, suspensão da realidade e delimitação de espaço e tempo. Contudo, não se pode observar a contínua submissão a regras imperativas e precisas — regras para a dissimulação da realidade e para a substituição por uma segunda realidade. *Mímica* é

> invenção constante. A regra do jogo é única: consiste em o ator fascinar o público, enquanto evita um erro que poderia levar o espectador a quebrar o encanto. O espectador tem de se acomodar à ilusão sem primeiramente contestar o cenário, o disfarce ou artifício que, por um tempo determinado, é solicitado a crer como mais real do que a própria realidade (Caillois, 1958, p. 23).

Eis a mímica como performance imitativa, e eis também uma ligação entre o lúdico e o dramático. O brincar é essencial.

Caillois também apresentou uma distinção entre os tipos de atividades que enfatizam a espontaneidade e a improvisação (*paideía*) e os que são significativamente governados por regras (*ludus*), um *continuum* que vai da brincadeira aos jogos (civilizadores). A *paideía*, como seu nome indica, está associada à brincadeira infantil e aos jogos improvisados. *Ludus* sugere "o elemento específico na brincadeira cujo impacto e cuja criatividade cultural parecem bastante impressionantes. Não conota uma atitude tão precisa quanto a de *agon*, *alea*, *mímica* ou *ilinx*, mas, ao disciplinar a *paideía*, sua contribuição geral é dar pureza e excelência às categorias fundamentais da brincadeira" (Callois, 1962, p. 33).

A abordagem é, a um só tempo, sociológica e normativa. No âmbito de uma antropologia e de uma história da brincadeira emergentes, Caillois exprime entretanto seu próprio temor pela conjunção de mímica e *ilinx*, detectando — o que talvez não surpreenda, após a Segunda Guerra Mundial e o excesso fascista — seus perigos em espaços públicos e seu *revival* na sociedade moderna. Mas ele observa, com aprovação, a construtiva disjunção dos dois elementos: no carnaval, em feiras itinerantes e no circo. O que ele pensaria de nossa mídia eletrônica são outros quinhentos.

A cultura popular, portanto, sempre foi brincalhona. Ela pegou a regulação séria e muitas vezes opressora da condução da vida cotidiana, a regulação pelo Estado, pela religião ou pela comunidade, e a pôs de ponta-cabeça: o carnaval, os bacanais, o charivari. Os senhores da desordem governavam as fissuras no dominante, oferecendo ao oprimido e rotineirizado a licença momentânea de brincadeira e exibição públicas. Em tais momentos e em tais espaços, expressos e marcados física e simbolicamente por limiares dentro da experiência, os indivíduos e grupos podiam suspender as regularidades do diário, encontrar prazer e, de uma maneira transcendente, brincar com as categorias e os conceitos do mundo sobre os quais eles, de outro modo, não tinham nenhuma influência. Volto a esse tema no capítulo 11.

Essa brincadeira era escape, mas também conexão. A vida era abandonada, nem que momentaneamente, mas esse mundo permanecia inscrito, porém transformado nos jogos caóticos da discórdia e da resistência sociais. As transições eram cruciais. Os significados gerados sobreviviam ao momento de sua experiência. O calendário era marcado pelas regularidades de sua ocorrência. Eram sempre uma ameaça. A multidão. A turba. O pagão. O popular. No entanto, como foi brilhantemente documentado por Peter Burke (1978), as relações entre a cultura popular e alta cultura nunca eram tão distintas assim. As elites também tinham seus momentos, no baile de máscaras e pelo bufão; embora licenciados como eram pela alta sociedade, como também pela alta cultura, *eles*, por assim dizer, não precisavam de nenhuma outra fonte de legitimação. De fato, as duas divisões sociais aprendiam uma com a outra e, de uma maneira ou de outra, ambas supriam uma à outra e dependiam uma da outra.

Em nosso mundo de mídia eletrônica, é possível reconhecer a mesma característica brincalhona, os mesmos espaços e momentos marcados para a diversão, embora as fronteiras entre brincadeira e seriedade sejam mais permeáveis e menos distintas nos dias de hoje. Ainda assim, brincamos. E brincamos com nossa mídia, e por meio dela. Brincamos com ela e em volta dela, quando, com maior ou menor prazer, vemos e nos envolvemos com as provações gladiatórias do jogo de futebol televisionado ou o romance manufaturado do jogo de namoro pela TV. Assistimos à nossa sociedade sendo *rebrincada* nas narrativas recursivas da novela. Brincamos na Internet, baixando jogos, assumindo papéis, fabricando papéis com outros jogadores, que nos são desconhecidos a não ser pelas características que assumem, como aliados e adversários no espaço eletrônico. Senhores e senhoras do jogo em masmorras virtuais. Também encontramos prazer no vil e sedicioso: na sofisticação do satírico, mas também nas páginas dos tablóides: não são notícia, não são um jornal. Claro que não. Mas diversão. E dançamos, pelo menos alguns de nós, ao som do *drum and bass* de rituais extáticos. Reunindo-nos, brincando, e, é claro, representando também.

Por mais que se possa argumentar que são contidos e limitados, esses momentos e lugares para a brincadeira permitem e legitimam um mínimo de reencantamento em nossas vidas desencantadas. Como avaliamos esses momentos e apreciamos seu valor e conseqüências em suas várias expressões através e dentro de culturas é uma questão aberta, à qual voltarei depois. Mas fingir que tal reencantamento não existe ou não tem valor, ou negar que a brincadeira possa ser construtiva, que a mímica possa ser educativa, e que os jogos possam ser catárticos tanto para jogadores como para as audiências, parece, para mim, a inobservância de uma dimensão essencial da vida social.

A brincadeira é essencial, ou assim parece, à experiência da mídia. Encontramos sua fonte tanto nas especificidades do gênero e da programação como nas atividades de ver e ouvir. A brincadeira implica, como a retórica, participação conjunta. Os jogadores e suas audiências — e as audiências que se tornam, mesmo indiretamente, jogadores — estão juntos envolvidos em discursos que a mídia reivindica e constrói e que pontuam, e perfuram, nossas vidas cotidianas.

Mas é importante notar — como faz Caillois em particular — as tensões, identificadas na brincadeira e nos jogos, entre "liberdade contida", "criatividade segura", "passividade ativa", "dependência voluntária". Não há nada simples a ser encontrado na sociologia ou na antropologia do brincar, ou em sua mediação. De fato, uma análise mais profunda produz uma percepção de uma realidade mais complexa, psicodinâmica, e que relaciona a brincadeira, como uma atividade, tanto com a construção da identidade de um indivíduo como com a mecânica da cultura como um processo e uma realização. A brincadeira é uma atividade complexa e precária.

Sua precariedade é reconhecida pelo psicanalista britânico D. W. Winnicott em sua discussão da relação entre o brincar e a realidade:

> Brincar é imensamente excitante. É excitante não porque os instintos estão envolvidos, *entenda-se*! A coisa importante na brincadeira é, sempre, a precariedade da interação entre a realidade psíquica pessoal e a experiência do controle de objetos reais. É a precariedade da própria magia, a magia que cresce na intimidade, numa relação que se está descobrindo como confiável (Winnicott, 1974, p. 55).

Winnicott põe a brincadeira no centro de sua psicologia infantil. Sua abordagem é baseada na análise da criança pré-lingüística ou de suas relações objetais, principal e inicialmente com a mãe, e então num processo de separação e individuação com objetos transicionais que se tornam o lugar da fantasia e da negociação da ilusão e da desilusão. Aqui, também, a brincadeira ocupa um espaço, tanto literal como metaforicamente, em que a criança confiante explora o mundo pela manipulação de objetos e pela construção da fantasia. Pela brincadeira, e num ambiente que oferece confiança e segurança e em que a brincadeira pode ser tanto estimulada como refreada, uma criança prazerosamente constrói para si um lugar na cultura. A brincadeira ocupa, e depende de, um espaço transicional, transicional entre o mundo interno e o da realidade externa em que ambos, como de regra, podem ser testados criativamente um à luz do outro. É isso o que a criança faz, argumenta Winnicott, na manipulação dos objetos: brincar é ser e brincar é fazer. A realidade externa é testada; a interna é definida, gradualmente, por tal teste e pela quase-alucinação que o ato de brincar exige. E por esse teste, por esse brincar, a criança constrói um mundo simbólico, um mundo de significados e seguranças: uma cultura privada, mas também pública.

Desse modo, para Winnicot, a brincadeira é a atividade em que a criança começa, criativamente, a explorar a fronteira entre si mesma e o outro, entre o interior e o exterior:

> Para chegar à idéia do brincar, é útil pensar na *preocupação* que caracteriza o ato de brincar de uma criança. O conteúdo não importa. O que importa é o estado próximo ao retraimento, semelhante à *concentração* de crianças mais velhas e adultos. A criança que brinca habita uma área que não pode ser facilmente deixada, e que tampouco pode facilmente admitir intrusões... Essa área de brincadeira não é realidade psíquica interna. Está fora do indivíduo, mas não é o mundo exterior (Winnicott, 1974, p. 60).

As tensões que Caillois identifica de um ângulo antropológico são reveladas aqui em seus fundamentos psicodinâmicos. A brincadeira revela a criança no adulto; e o adulto na criança. A brincadeira possibilita a exploração desse tecido-limite entre fantasia e realidade, entre o real e o imaginado, entre o si-mesmo e o outro. Na brincadeira, temos uma licença para explorar a nós mesmos e a nossa sociedade. Na brincadeira, investigamos a cultura, mas também a criamos. Há, nisso, segurança, mas também perigo, pois os limites nem sempre podem ser mantidos, e a confiança que exigimos talvez não seja sempre oferecida. Agimos, mas também exteriorizamos. Cometemos erros. Empacamos. Interpretamos mal os sinais. E, algumas vezes, tragicamente.

Mas há prazer nisso. O prazer do jogo bem jogado, do passo bem dado, da oportunidade que se encara, dos riscos bem corridos, do desafio bem encarado, da conjetura bem feita, do sonho realizado. Há prazer na participação. Na parceria e na rivalidade. Na observação. Na identificação. Na sublimação. Na regressão. Na brincadeira e no espírito brincalhão.

Já se disse da mídia eletrônica, e da era definida por seu domínio, que as fronteiras até então sagradas são agora violadas: tanto fronteiras sociais, entre a criança e o adulto ou entre o feminino e o masculino, como fronteiras simbólicas, entre realidade e fantasia, entre o sério e o menos sério. A cultura pós-moderna é definida por tal transgressão e, de fato, por sua indiferença a ela. Na arquitetura e na literatura, mas mais especialmente nas formas híbridas da mídia eletrônica, pela paródia e pelo pastiche, o mundo se torna real apenas em suas reflexões. Mas os espelhos são espelhos de parque de diversão. Refletem apenas para distorcer. Quando James Stirling deixa um bloco de mármore da Staats-Gallerie sobre a calçada. Quando David Lynch ou Quentin Tarantino constroem suas narrativas espiraladas, infinitamente referenciais. Quando Madonna é Madonna, de vez em quando, ou não. Na MTV ou na

LiveTV. Em todos esses e em outros lugares, as mídias estão brincando, brincando entre si e conosco. E nós, por nossa vez, brincamos com elas. Sua falta de seriedade é séria. Sua seriedade é apaziguadora. Seu apaziguamento é irônico. Sua ironia é compulsiva, celebratória.

Há importantes questões a formular aqui. Questões que exigem uma compreensão mais profunda da mídia como cultura e de seu papel em possibilitar ou coibir a individualidade e a liberdade. Estamos falando de envolvimento ou escape? Jogamos para ganhar ou, numa sociedade capitalista tardia, nascemos para perder? Que valores estão envolvidos no jogo? Que prêmios são dados aos vitoriosos?

Se ouvirmos os grandes críticos da indústria cultural, as respostas serão claras o suficiente. Os prazeres obtidos com os jogos da cultura de massa nos privam de nosso julgamento crítico: "Deleitar-se significa dizer Sim... O prazer sempre significa não pensar em nada, esquecer o sofrimento mesmo onde ele é mostrado. Basicamente, ele é desamparo. É fuga; não, como se alega, fuga de uma realidade miserável, mas do último pensamento de resistência remanescente" (Horkheimer e Adorno, 1972, p. 144).

Talvez, contudo, os jogos ofereçam mais (ou menos) do que prazer de tempos em tempos. Talvez a brincadeira possa, ocasionalmente, ser um ensaio para o real: uma prática. O simulador de vôo para o dia-a-dia. Talvez possa ser uma subversão. A paródia desmascara, perfura, solapa. Embora nem sempre funcione. De fato, jogo e prazer não são a mesma coisa. Às vezes jogamos o jogo errado, e também às vezes jogamos mal. Mas há algo de certo aqui, como também na escolha do *acaso* por Horkheimer e Adorno como um foco para a intenção manipulativa da indústria cultural. Apreciar o acaso, vê-lo como a principal fonte de sucesso, dá a entender que o prêmio pode ser ganho sem esforço ou sem responsabilidade. Sob esse aspecto, a loteria é a metáfora suprema do capitalismo; o jogo último, o jogo do poder.

Esses julgamentos são tentadores, mas também demasiado singulares, intolerantes à contradição e à ambigüidade. Em todo caso, estão impregnados de um ascetismo elitista comum e persistente entre os críticos da cultura de massa. Está tudo bem com meus jogos; são os seus que põem a sociedade de joelhos.

Ainda quero preservar a brincadeira, o jogo. E, apesar de adiar por enquanto um julgamento sobre seu valor, ainda quero insistir em seu lugar na sociedade e na cultura. Ainda quero pensar sobre as maneiras pelas quais, na brincadeira, podemos afirmar, e realmente afirmamos, algo de nossa individualidade, construindo identidades pelos papéis que assumimos e pelas regras que seguimos. Somos todos agora jogadores em jogos, alguns ou muitos dos quais são feitos pela mídia. Eles distraem mas também fornecem um foco. Eles toldam fronteiras, mas de alguma forma ainda as protegem. Pois sabemos, mesmo durante a infância, quando estamos brincando e quando não. Os limiares entre o espaço mundano e o elevado do dia-a-dia ainda estão aí para ser transpostos, e o são a cada vez que ligamos o rádio ou a TV, ou nos conectamos à World Wide Web. Brincar é escape e engajamento. Ele ocupa espaços e tempos protegidos, na tela, a seu redor ou a certa distância dela. Embora possamos entrar nos espaços da mídia de outras maneiras e para outros propósitos, para trabalhar ou buscar informação, por exemplo; embora exista para persuadir e também educar, a mídia é um lugar fundamental em que e pelo qual — na segurança e no estímulo que ela oferece aos espectadores do mundo — nós jogamos: subjuntivamente, livremente, por prazer.

E esse brincar lança uma ponte não apenas entre mundos e realidades internos e externos, mas também entre mundos e realidades *off-line* e *on-line*. Vou terminar este capítulo com uma história contada por minha colega Sonia Livingstone (1998, p. 436) em sua recente pesquisa sobre a nova mídia e os adolescentes:

> Dois meninos de 8 anos jogam seu jogo predileto de aventura de multimídia no PC da família. Quando descobrem um *site* da Internet onde o mesmo jogo poderia ser jogado interativamente com desconhecidos, isso gera grande entusiasmo em casa. Os meninos escolhem suas personas de fantasia e tentam várias estratégias para jogar o jogo, tanto em cooperação como em competição, e ao mesmo tempo "conversando" (isto é, escrevendo) *on-line* com outros participantes. Mas quando, por motivos de custo, proíbem-lhes o acesso à Internet, o jogo cai na "vida real". Agora os meninos, junto com suas irmãs mais novas, escolhem um personagem, vestem-se com roupa de batalha e jogam "o jogo" na casa toda, indo para o andar de baixo até o Inferno, Os Vulcões e O Labirinto, e para o de cima até A Cidade, "aperfeiçoando" o jogo no processo. Esse novo jogo é chamado, confusamente para observadores adultos, "jogando a Internet".

8

Performance

Em 1958, uma mulher conhecida como Agnes apareceu no Departamento de Psiquiatria da UCLA. Ela se encontrou com um psiquiatra, Robert Stoller, e um sociólogo, Harold Garfinkel. Nascida homem, ela estava prestes a passar por uma cirurgia para se transformar fisiologicamente na mulher que ela, em todos os aspectos visíveis, já tinha se tornado e que seriamente desejava ser por completo. Seu caso foi intensamente relatado, porém mais especialmente por Garfinkel, que viu nele uma maneira de explorar as maneiras pelas quais a vida social era uma matéria de realização contínua. Utilizando esse estudo de caso excepcional, Garfinkel conseguiu mostrar como uma pessoa como Agnes tem de aprender, apropriar-se e administrar — dia a dia, hora a hora — um papel em que ela não era socializada e no qual o malogro levaria ao desmascaramento e à catástrofe. A tarefa que ela havia se imposto era assegurar e garantir

> os direitos e obrigações atribuídos a uma mulher adulta, pela aquisição e pelo emprego de habilidades e capacidades, pela exibição eficaz de aparências e performances femininas e pela mobilização de sentimentos e propósitos

> apropriados. Como no caso normal, os testes de semelhante trabalho de administração ocorreram sob o olhar fixo e na presença de outros homens e mulheres normais (Garfinkel, 1967, p. 134).

Essa é uma atividade que Garfinkel chama de "passagem". A passagem é mais do que jogar um jogo, embora contenha em si elementos do jogo. Não é um jogo principalmente porque as fronteiras que definem o espaço de jogo (e permitem em qualquer jogo deixar o campo se necessário) não estão presentes. A performance de Agnes era necessariamente contínua, e desenvolvimental. Era também uma questão de vida: uma realidade a ser negociada com seu namorado, consigo mesma e com o todo da sociedade em sua atenção ao — e dependência do — detalhe da interação diária, embora um detalhe corriqueiro. Agnes queria ser esse indivíduo corriqueiro: o normal, ordinário e, como ela o veria, feminino. Esta é, argumenta Garfinkel, mais do que uma questão de administração da impressão (a castração é significante). Ele vê Agnes, forçosamente, como uma perfeita socióloga que, no trabalho prático de transformar-se em si mesma, compreende profunda e pessoalmente que a vida social é, de fato e completamente, uma questão de realização: "Com Agnes, que tratava as pessoas sexuadas como eventos culturais, aprendemos que os membros fazem acontecer, que apenas as práticas dos membros produzem a sexualidade observável-narrável das pessoas e que o fazem tão-somente, inteiramente, exclusivamente em ocasiões reais, singulares, particulares mediante reais exibições atestadas de fala e conduta comuns" (Garfinkel, 1967, p. 181). O que esse "caso" nos diz? O que ele sugere para uma investigação do papel da mídia na vida social e na experiência?

Ele oferece uma versão particular do social e de nosso lugar nele, como também de nossa responsabilidade por ele. Ele pressupõe a sociedade como um certo tipo de coisa. Pressupõe que a vida social depende não apenas do jogo das circunstâncias objetivas, das condições e do condicionamento da estrutura e da história, mas que ela exige, de maneiras complexas e sutis, nossa ativa participação. Também pressupõe que a sociedade não pode ser feita sem nós, e que a feitura do social, sua contínua reprodução são possibilitadas e realizadas pelas interações *diminutas*, que ocorrem de minuto a minuto e nos permitem reconhecer e sustentar certas normalidade, ordinariedade, segurança e identidade para nós mesmos e nossos iguais na rotina diária.

Existe uma forte linha desse tipo de raciocínio na sociologia e na antropologia. Muitas vezes, e acertadamente, criticada por não reconhecer os efeitos da história (que o mundo muda), do poder (que as circunstâncias sob as quais produzimos nossos significados não estão, muitas vezes, sob nosso controle) e da diferença irreconciliável (que a vida social é mais do que uma questão de negociação e compreensões partilhadas, sendo crucialmente conflituosa), tal abordagem foca entretanto a dinâmica da vida social de tal maneira que possibilita uma atenção ao performativo, às maneiras pelas quais a sociedade se torna arte e o artifício se torna o social.

Em tais estudos, e o trabalho de Erving Goffman é preeminente, a vida social é vista como uma questão de administração da impressão. Nosso mundo é um mundo de aparência visível. Vivemos numa cultura apresentacional em que a aparência *é* a realidade. Indivíduos e grupos apresentam suas faces ao mundo em cenários onde administram sua performance com mais ou menos confiança: palcos em que o que fazemos é para mostrar, para impressionar os outros e definir e manter nosso senso de nós mesmos, um senso de identidade; palcos que, por sua vez, dependem de bastidores onde, fora da visão de nossa audiência, podemos preparar a maquiagem, a transformação.

Essa percepção do social tem várias conseqüências e dificuldades. Ela suprime qualquer diferença ontológica entre verdade e falsidade, já que todas as apresentações são, até certo ponto, representações enganosas. Por outro lado, ela reifica o que, de outro modo, poderia ser visto como apenas um verniz de civilidade, conferindo substância ao que poderia ser facilmente visto como meramente superficial. Também se abstém de um juízo moral e insiste que toda sociedade, não apenas a nossa, é produto de tal ação performativa.

Há, no entanto, várias coisas que podem ser ditas e avaliadas. A primeira é a percepção de que toda ação é comunicação. A segunda é que a performance quase sempre implica idealização. A terceira é que o sucesso de uma performance, na vida diária como nos espaços delimitados do palco e da tela, depende dos julgamentos e da aceitação de um público. E o argumento final, que não pertence a Goffman, mas foi apresentado criticamente por outros, é que a modernidade trouxe consigo, quando encorajou e possibilitou a emergência de uma vida privada mais pública, a intensificação desses comportamentos performativos, os quais criam tanto o social como o individual e permitem ao *performer* não só apresentar-se para o outro, mas revelar-se a si mesmo — um ato essencialmente reflexivo.

A modernidade trouxe consigo a apropriação pessoal do cerimonial. Aqui, como logo mostrarei, a mídia foi crucial. Ela também trouxe consigo a oportunidade de construir para nós mesmos um leque de identidades destinado a diferentes públicos em diferentes cenários. Mas a modernidade também trouxe consigo a possibilidade de *argumentar* que até mesmo uma dimensão tão fundamental da identidade como o gênero pode também ser visto como performativa. Judith Butler, por exemplo, fala de gênero sexual como um "fazer":

> palavras, atos, gestos e desejo produzem o efeito de um núcleo ou substância interna, mas produzem isso *na superfície* do corpo, pelo jogo de ausências significativas que sugerem, mas nunca revelam, o princípio organizador de identidade como uma causa. Esses atos, gestos, decretações, geralmente construídos, são *performativos* no sentido de que a essência ou identidade que eles pretensamente exprimiriam são *fabricações* manufaturadas e sustentadas por sinais corporais e outros meios discursivos. Que o corpo generificado é performativo indica que ele não tem nenhum *status* ontológico separadamente dos vários atos que constituem sua realidade (Butler, 1990, p. 136, itálicos no original).

Essas performances não são apenas jogos. São, como as de Agnes — que Butler parece desconhecer —, mortalmente sérias. Nossas vidas e identidades dependem delas. Elas se tornam reais, a coisa real. Nessa visão, o social é uma rede de significados, sustentável contanto que estes significados sejam mantidos em comum, repetidos, partilhados, comunicados e, claro, impostos. A experiência é construída por essas redes de significado, os textos e discursos do dia-a-dia; e a experiência, por sua vez, depende de nossa participação, forçada ou livre, no performativo e na performance.

Os termos usados até agora nessa discussão — feitura, apresentação, performance, o performativo —, a despeito de diferenças de ênfase e propósito, abordam todos o mesmo tópico, que a esta altura deve estar claro. Juntos, eles fornecem um meio de pensar sobre a vida social que privilegia a ação, o significado e o poder do simbólico. Essa maneira de pensar sobre o social também oferece uma importante rota para pensar sobre a mídia e sua importância.

O esclarecimento do papel da mídia na vida cotidiana é, portanto, possibilitado justamente pela percepção de que o mundo em que vivemos, que em parte construímos e que se baseia na experiência, em nossa compreensão dessa experiência e em nossa tentativa de representá-la (ou distorcê-la), já é — num sentido poderoso, performativo — mediado. Nessa visão, a ação em si é um tipo de mediação. Ela já implica uma problematização do real e a distinção, se não o apagamento da distinção, entre o material e o simbólico. Também implica um reconhecimento de que a experiência é mais do que comportamento, mais do que a passagem do momento, e que a performance é historicamente situada (sempre) e historicamente importante (às vezes), e que as coisas que fazemos, os papéis que assumimos, os jogos que jogamos, as vidas que levamos são o produto das complexidades da cultura em seu mais amplo sentido: dependente dos, mas não necessariamente determinada pelos, significados, interesses e influências de uma situação social sobre a qual temos um controle limitado.

Ver, portanto, a vida social como tendo sido performada e ver tal performance como uma atividade contínua e, geralmente mas nem sempre, dada-por-certa, sem a qual as realidades partilhadas e as capacitantes realidades simbólicas da vida diária virariam pó, é admitir ainda outra dimensão do social como subjuntivo. A transição dos rituais corriqueiros, diários, performados em ônibus, bancos e bares, para os rituais públicos excepcionais do elevado e do poderoso em espaços reais ou virtuais, é uma transição suave, e talvez cada vez mais sem marcas. Sabemos alguma coisa sobre a performance, por assim dizer instintivamente, porque a fazemos o tempo todo. Sabemos alguma coisa sobre a performance, inocentemente por assim dizer, porque a vemos em nossa mídia o tempo todo. E, apesar de saber algo acerca das fronteiras entre espaços públicos e privados, como também das diferenças entre realidades mediadas e experienciadas, sabemos que as fronteiras tanto separam como ligam: são barreiras, mas também pontes. Nós as cruzamos, como também cruzamos a fronteira entre o *performer* e a audiência, com crescente desenvoltura, como algo natural.

De um lado, cantar as músicas de Cole Porter no banheiro e dançar um tango solitário no quarto, privadamente; de outro, exibir uma identidade partilhável através da moda, do ato de votar ou da participação num evento público, como o funeral de Diana, Princesa de Gales. A mídia fornece os recursos: os instrumentos e a fantasia. Aulas práticas. Oportunidades. O mundo é performado dentro de nossa mídia diariamente. E nós, seu público, performamos ao lado dele, como jogadores e participantes, imitando, apropriando-nos e refletindo sobre as verdades e falsidades dele. Se vamos nos empenhar em compreender a mídia, precisamos compreender isto, a dimensão performativa disto: o encorajamento e o reforço de uma cultura da exibição, que incorporamos em nossas vidas cotidianas e é continuamente sustentada em telas e por alto-falantes.

Considere a teledifusão do funeral de Diana. E considere, se quiser, o seguinte.

Moro no centro de Londres. Na manhã do funeral, comecei a ver televisão no momento em que o cortejo começou sua jornada pelo Hyde Park e, então, por ruas familiares. O mais impressionante não eram talvez a esperada multidão em silêncio, nem o ranger de cascos e pés, mas o badalar ritmado do sino da Abbey, a cada minuto: um tipo de passacale para os eventos da manhã. Por volta das dez e quinze, quando a processão se aproximava de Whitehall, Jennifer e eu decidimos caminhar até a Abbey, não esperando realmente ver alguma coisa, ou seja, não esperando realmente vê-*la*, porém mais para sentir a atmosfera, o silêncio, o vazio da cidade, a estranheza disso tudo e para, é claro, talvez mais acanhadamente, participar de algum modo, compartilhar, reivindicar, possuir um pouco disso.

Deixamos a televisão ligada: as outras pessoas da casa estavam começando a aparecer. Era possível ouvir o sino a tocar sem parar, enquanto descíamos as escadas para a porta da frente, em direção à luz do sol. Na soleira, ainda podíamos ouvi-lo, mas agora o badalar vinha não da televisão, mas da Abbey. Era real. O mesmo sino. O mesmo som. Mas real. De uma maneira simples, mas misteriosa, tínhamos perfurado o espaço da mídia, passado da reflexão e da representação mediadas para a experiência. Nesse momento, tínhamos — realmente sem cicatrizes — imitado as ações de milhões de pessoas que deixaram a inequivocidade segura, doméstica da representação midiática e fizeram a peregrinação até Londres durante aqueles dias extraordinários, antes e durante o funeral.

É sobre essa passagem, essa evasão, essa *apropriação do* espaço da mídia que pretendo refletir aqui, à luz de minha discussão da performance. A questão é como e por que, enquanto a mídia mundial entrava em espasmo com a morte de Diana, Princesa de Gales, milhões e milhões de pessoas comuns (e, claro, eu estava entre elas) decidiram se levantar de suas poltronas, sair de casa, pegar o trem e *ocupar* o espaço público, e o tempo público, já que o feriado público que foi o funeral não foi declarado, e o próprio funeral, segundo dizem todos, criado para satisfazer os planos dos que queriam estar, precisavam estar, nas ruas ao lado dela.

Muitas explicações foram oferecidas para tal comportamento. As palavras-chave foram histeria em massa, fervor religioso, manipulação da mídia. Cada uma privilegia uma dimensão da vulnerabilidade (quase sempre generificada), na qual o comportamento observado (e *pace* Max Weber, estamos falando de comportamento em vez de ação motivada) é definido, psicanalítica, espiritual ou sociologicamente, por uma estrutura que confere pouca ou nenhuma credibilidade à capacidade dos indivíduos de tomar conta do que sentem, acreditam ou fazem ou de se responsabilizar por isso. Claro, é fácil ser seduzido a ir na direção contrária, romantizar nossa liberdade das forças coletivas da cultura contemporânea, exagerar as capacidades dos indivíduos de determinar e definir para si mesmos suas próprias posições na sociedade de massa. Ambas as posições contêm um pouco de verdade. Sozinhas, são ambas indefensáveis. O que está em debate agora é como compreender as particularidades, não as generalidades, dessas respostas e das relações que elas exprimem e engendram.

Pode-se dizer que o evento-chave no conto de fadas que foi a vida de Diana, talvez mais para Grimm do que para Andersen, foi a entrevista que ela deu ao programa *Panorama* da BBC, em 1995. Nessa entrevista televisiva e, claro, na resposta da mídia — que, de modo eletrizante, atiçou e intensificou seu conteúdo —, Diana rompeu os limites e, como aqueles que depois ocuparam o espaço público em seu nome, perfurou as convenções da representação da realeza pela mídia.

Essas convenções, bem analisadas por David Chaney (1983), implicam o surgimento de uma tensão crescente entre público e privado, símbolo e realidade. A construção da família real como figuras da mídia para se tornarem os centros simbólicos da desesperada tentativa britânica de formação da nação durante o século XX implicou uma delicada manobra para preservar o *status* deles e ao mesmo tempo torná-los acessíveis e humanos. Os paralelos com as estrelas de Hollywood não passaram despercebidos e são extremamente pertinentes, como deixou claro a escolha do epitáfio musical por Elton John. Enquanto é certo que a televisão foi um meio de comunicação essencial nesse projeto, e a Coroação de 1953 o início, foi o casamento em si que implicou uma importante mudança de engrenagem, mudança, é claro, para a qual o Palácio, conscientemente ou não, conspirou.

A entrevista do *Panorama* criou um novo espaço, um espaço fora da estrutura da mídia, embora, é claro, essencialmente ainda contido por ela. O equilíbrio entre símbolo e realidade tinha sido alterado, talvez permanentemente; não porque ela atacou o Palácio (embora fosse pouco provável que isso seria de pouca importância), mas porque ela demonstrou mais humanidade do que lhe era permitido. Sem dúvida, tudo foi premeditado, com muita coisa treinada e provavelmente alguma dissimulação. Mas o desejo de ser uma "Rainha dos Corações" (tanto quanto o feito de se tornar a "Princesa do Povo") cortou-lhe a cabeça e permitiu-lhe ocupar — embora ainda como símbolo — um espaço transcendente. A hagiografia começou nesse ponto. O significado disso era sobretudo a possibilidade de romper os limites. A lição devia ser vividamente aprendida, sendo reproduzida pela multidão nas ações daqueles que, em seguida, romperam suas próprias fronteiras midiáticas e — embora ainda contidos e, de fato, cada vez mais explorados pela mídia — ocuparam as ruas de Londres.

Dizem-nos que, na era da mídia, não há escapatória dos simulacros. Que tudo que tocamos é mediado, transformado, envenenado pela mídia. Que as fronteiras entre realidade e fantasia, verdade e falsidade, fato e ficção, já não podem ser determinadas, já não servem para mais nada. Isso é de fato o que nos dizem. Mas essa visão rebaixa a experiência à insignificância. Ela é empiricamente vazia. É assustadoramente amoral. Mesmo que seja fácil exagerar o poder da manifestação popular (que estava longe de ser uma revolta popular) e insinuar, como a imprensa não demorou a fazer, que isso poderia sinalizar o fim da monarquia, de fato, o fim da vida na Grã-Bretanha como a conhecemos; e, mesmo que a República ainda não seja iminente, seria um erro terrível destinar as ações e os sentimentos de tantas pessoas à lata de lixo da mediação.

Caminhar entre os que se reuniram antes e durante o funeral foi caminhar entre (e isso não é exagero) pessoas comuns: famílias, gerações, ingleses etnicamente diversos, da classe média, na maioria suburbanos, que não estavam apenas respirando o ar da mídia, mas participando ativamente num evento que sem eles seria sem sentido. Havia, sem dúvida, turismo e voyeurismo (eu, em parte, era turista e voyeur), mas havia também um potente conjunto de reivindicações e conexões: mulheres se identificando com a mulher, filhos se identificando com a filha, pais e mães se identificando com a mãe, amantes com os amantes, sonhadores com os sonhos estilhaçados. E essas identificações, essas conexões, foram trabalhadas. Foram performadas. O ritual estava sendo inventado em tempo real. E o espaço público estava sendo ocupado. Era possível sentir o cheiro dos lírios.

Não importa que toda essa performance tenha, por sua vez, sido apropriada, para não dizer encorajada e sustentada, pela própria mídia. A própria performance era uma apropriação popular em que significados foram compartilhados e experiências compartilhadas foram produzidas e seriam lembradas. E era de performance que se tratava, um "fazer e uma coisa feita, oscilando entre passado e presente, presença e ausência, consciência e memória" (Diamond, 1996, p. 5). Nessa performance, realizada para si mesmos e para os outros, os participantes reivindicavam a propriedade de um evento que, nessas mesmas reivindicações, a arrancara das garras da mídia. Nessa performance, diariamente executada tanto na frente como além do alcance das câmeras de televisão e das cadernetas dos jornalistas, nós deixamos nosso carimbo nas coisas.

Performar Diana. Nós o fizemos. Milhares de nós. A nação. Seu povo. Com e sem a mídia, ao lado dela e contra ela. Ocupando o espaço público, enchendo o espaço privado; turvando fronteiras; refletindo espelhos. Integrando a experiência pessoal à coletiva, e destilando ambas pela imagem de uma vida performada. Mais uma vez, o excepcional lança luz sobre o ordinário: nossa capacidade infinita de participar do coletivo e, ao fazê-lo, de criar esse coletivo nos dramas partilhados e infinitamente mediados da vida cotidiana. Nesse processo, e nessas performances, a mídia tem importância, embora nem sempre de uma maneira direta e óbvia. De fato, é impossível traçar a fronteira entre a experiência mediada e a supostamente não-mediada. O estudo da mídia exige atenção a isso e exploração de suas conseqüências.

Mas talvez essa não seja a história toda. Talvez essa efervescência performativa possa ser vista de outras maneiras e ter uma leitura contrária a essa tendência visível. Não há algo mais ocorrendo aqui, algo mais complexo e, talvez, até mesmo perturbador?

Se supusermos que a modernidade produziu o que poderia ser descrito — como realmente o faz Habermas (1989) — como a refeudalização da esfera pública; se aceitarmos, ao menos em parte, a mordaz crítica de Guy Debord (1977) do que ele denomina sociedade do espetáculo, lembrando que ambos vêem na apropriação da cultura performativa pelas forças obscuras conjuntas do capitalismo e do Estado uma coibição da liberdade e da imaginação; se, de fato, admitirmos que a cultura pública foi privatizada pela atenção da mídia e que, em contrapartida, a cultura privada foi publicizada, então deveremos, para melhor ou pior, reconhecer uma mudança profunda na localização e no caráter da performance na vida cotidiana.

O funeral de Diana fornece, de maneira exagerada mas triunfante, um exemplo de como a indistinção de audiência e *performer* ocorre num palco público, tanto na mídia como fora de seu alcance (embora, claro, nunca totalmente além de seu alcance). Ela também ocorre num palco como resultado de sua mediação, que a retira da esfera do pessoal e transforma cada momento num fragmento de um evento nacional ou mesmo global.

Poderíamos, por conseqüência, pensar nisso de maneira bem diferente. Pensar em nossa participação no funeral não como um momento compartilhado e comprometedor, mas como uma performance sem responsabilidade; um partilhar da dor privada sem luto público. Um ritual fora do tempo: o último suspiro de uma comunhão sem um deus ou realmente, *pace* Durkheim, sem sociedade. Com efeito, a efervescência se dispersa no gradual gotejamento da imagem de Diana nas capas dos tablóides e dos semanários com o passar dos dias e das semanas. Um ano depois, a mídia britânica deixou, quase totalmente, de reproduzir a paixão ou o engajamento do momento inicial. Um ano depois, restava pouca coisa e, crucialmente, pouca coisa para reproduzir. Apenas formas vagas, sombras vagas. Os significados compartilhados do momento, genuinamente sentidos e dramaticamente incrustados na ação púbica, poderiam ser vistos como parte de uma experiência que, na melhor das hipóteses, poderia apenas retornar ao privado e ao pessoal. O que a mídia dá, ela também toma.

O público do funeral era anônimo; e por não o conhecermos, por não conhecermos nossos colegas jogadores, ele perdeu muito de sua significância. Poder-se-ia dizer que nossa própria performance refratava apenas o *self*: solipsisticamente, narcisicamente. O que passou por social foi criado num palco público em meio a estranhos. O social foi deixado para nossa imaginação e para a lembrança de um evento de que participamos e não participamos.

O que falta a tais engajamentos é a vibração da conexão, da atenção, do comando. A entrada no espaço midiático à procura do social é desoladora e vulnerável.

Considere-se a *home page*. Digito um nome aleatoriamente. Donna Chung. Vou parar num site chamado Friend's Homepages. Ele relaciona 38 nomes, um dos quais é, com efeito, Donna Chung. Muitos deles são de estudantes em Yale, mas não todos. Donna Chung tem seu retrato, seu número de telefone e um *link* para um grupo de apoio. Christopher Pan, um estudante de filosofia, da turma de 1998, é outro nome abaixo na lista. Sua página tem a seguinte apresentação:

> Uau ... meu próprio pedaço de "ciber"-imóvel. Legal.
> "Sem muito a dizer, acho; apenas o mesmo que todo o resto..."
> Agradeço sua visita, e espero que seja paciente comigo enquanto continuo a decifrar como toda essa coisa funciona. Eu agradeceria ainda mais se você me avisasse que realmente me visitou, para eu me consolar com a idéia de que as pessoas realmente OLHAM esse material. Tenho grandes planos para esse pequeno pedaço de realidade. Vamos ver como as coisas se desenrolam.
> Alguns dados básicos sobre mim, enquanto procuro coisas interessantes para dizer:
>
> Christopher Pan
> Nascido em 4 de novembro, 1976, em New Haven, CT
> Yale University

Davenport College
Turma de 1998
Estudante de filosofia
e-mail: christopher.pan@yale.edu
endereço real: Caixa postal 201704, New Haven, CT 06520
Telefone: (203) 436 0291

Há *links* para várias fotografias dele e de sua família, incluindo uma de sua irmã em Stanford, com um convite para lhe enviar um *e-mail* também.

O que está acontecendo aqui? Que tipo de performance é essa? Aqui está um corpo no ciberespaço, flutuando como um grão de poeira no éter eletrônico. Uma exibição pessoal, uma solicitação de atenção (seu apelo por uma resposta tem significado), um palco singular, privado; uma performance no espaço virtual. Aqui não existe audiência. Nenhuma garantia de atenção. Aqui também a performance não carrega nenhuma responsabilidade e nenhum engajamento. A aleatoriedade da comunicação se equipara à da multidão num evento público. Mas uma espécie de sociedade se forma nessas comunicações: os *links* eletrônicos constroem uma rede invisível e momentaneamente significante de conexões: para outro povo, outros lugares, outros *sites*. Posso segui-los sem perturbação. Posso criá-los sem dano algum. Posso dizer ao mundo quem sou, ou quem eu gostaria de ser (e levar isso adiante em salas de bate-papo e grupos de Usenet), e não serei chamado a prestar contas. Minha realização é definida por minha capacidade e minha competência de criar uma imagem. Mas há criatividade aqui, e energia, como também brincadeira. A tecnologia me deu um palco. Posso representar nele. Posso afirmar um espaço. Se alguém pelo menos me ouvisse.

Fizemos um longo trajeto desde Agnes, em que a performance era uma questão de vida ou morte social. Fomos até mesmo além de Diana, em que a performance final de uma persona pública inspirou um espontâneo, multimediado ritual de comunhão compartilhada. Quanto mais completamente nossas identidades passam a depender do jogo da mídia eletrônica, quanto mais profundamente embebida na experiência está nossa mídia, e quanto mais uma sociedade virtual (se é que existe tal coisa) encoraja e possibilita a performance sem público e a performatividade sem conseqüência, então, pode-se dizer, mais nos encontramos sozinhos. Isso não é algo que precisamos compreender melhor?

9 Consumo

Venho afirmando que devemos estudar a mídia porque ela tem uma importância fundamental para a experiência. Ela anima, reflete e exprime a experiência, nossa experiência, dia após dia. Disse que tal estudo deve implicar uma concepção da mídia não como uma série de instituições, produtos ou tecnologias, ou não apenas essas coisas, mas como um processo, um processo de mediação. A mídia se faz. Nós a fazemos. E ela é feita para nós. Até aqui, discuti algumas dessas idéias analisando as maneiras como a mídia está envolvida na brincadeira e na performance. Ambas são atividades-chave em que nós, seres sociais, nos engajamos com o mundo ao redor e, ao fazê-lo, contribuímos para ele e definimos nosso lugar nele ou nossos direitos sobre ele.

Neste capítulo, pretendo acrescentar outra dimensão da experiência. Uma dimensão que se sobrepõe, inevitavelmente, à brincadeira e à performance, e na qual, pode-se dizer, tanto a brincadeira como a performance são mobilizadas a serviço de nossa participação na vida econômica. Aqui, pretendo discutir o consumo e a relação da mídia com ele. Pague, jogue e exiba.

O consumo é uma coisa de contrastes, e ocasional. É uma atividade individual e coletiva, privada e pública, que depende da destruição de bens para a produção de significados. Ele medeia entre a frugalidade e o excesso, entre a economia e a extravagância. Ele apazigua ansiedades quanto à nossa capacidade de sobreviver e prosperar no que diz respeito tanto à subsistência como ao *status*, mas não consegue refrear de uma vez por todas nem a ansiedade, nem a carência, nem o desejo. Pelo contrário. A terapia da compra é tanto a cura como a doença.

O consumo opera entre o trabalho e o lazer. De fato, ele é trabalho *e* lazer, empreendido nos espaços e momentos liberados pelos ritmos tirânicos da sociedade industrial, mas perseguido com um implacável e obstinado entusiasmo que turva as fronteiras entre o contratado e o livre, tão caras ao protestantismo ascético e ao capitalismo.

Comércio de domingo. O consumo é um trabalho árduo. É o trabalho da produção, empreendido por cidadãos consumidores globais, enquanto os indivíduos constroem tanto significados pessoais como pretensões de participar em culturas locais. É o trabalho que une indivíduos e coletividades, definidos por — definindo e partilhando — gosto, *status* ou carência. Dos produtos homogeneizadores de Levi-Strauss, Kangol e Sony derivam as particularidades do estilo; os momentos de moda e identidade fabricadas por grupos, jovens ou etnicamente diversos, cujo poder na economia formal e, por isso, cuja inteira participação na sociedade global são limitados ou, exceto nesses momentos de criatividade marginal, quase inexistentes. O consumo é uma maneira de mediar e moderar os horrores da padronização. E comprar é apenas o começo. Um estágio no ciclo de vida da mercadoria, mas um ciclo que não tem início nem fim: um jogo contínuo, constante de produtos e significados, deslocando reiterada, dialeticamente, a atenção para longe da dor da extração ou da manufatura e em direção do objeto, de sua imagem e de sua apropriação no uso.

Pesquisas qualitativas e de mercado criam a nova geografia do consumo, uma geografia das redes de distribuição global e de uma infinidade de decisões de consumo; uma geografia que vincula a loja da esquina à rede de distribuição global; uma geografia de *shopping centers* e lojas de departamentos, de *teleshopping* e comércio eletrônico; uma geografia em que o tempo se restringe aos micromovimentos do ciclo do produto e da obsolescência administrada; uma geografia espácio-temporal limitada às minúcias da participação no mercado e da satisfação do freguês; à correspondência de imagem e identidade; e à produção e à distribuição pontuais do vestuário da última moda que liga necessidades locais à satisfação global e vice-versa, claro.

Comprar ou não comprar, eis a questão.

Como diz Arjun Appadurai (1996, p. 83):

> Agora somos todos donos de casa, labutando diariamente para praticar as disciplinas da compra numa paisagem cujas estruturas temporais tornaram-se radicalmente polirrítmicas. Aprender esses múltiplos ritmos (de corpos, produtos, modas, taxa de juros, presentes e estilo) e como integrá-los não é apenas trabalho — é o tipo mais árduo de trabalho, o trabalho da imaginação.

Esta citação mostra que o consumo é a única atividade essencial pela qual nos envolvemos, diariamente, com a cultura de nossos tempos. O consumo é uma atividade que absolutamente não é confinada pela decisão ou pelo ato de compra; tampouco é singular. Consumimos sem cessar, e por nossa capacidade de fazê-lo contribuímos para, reproduzimos e afetamos consideravelmente a textura da experiência. Nisso recebemos auxílio da mídia. Com efeito, consumo e mediação são, em inúmeros aspectos, fundamentalmente interdependentes. Consumimos a mídia. Consumimos pela mídia. Aprendemos como e o que consumir pela mídia. Somos persuadidos a consumir pela mídia. A mídia, não é exagero dizer, nos consome. E, como já opinei e continuarei a argumentar, o consumo é, ele mesmo, uma forma de mediação, à medida que os valores e significados dados de objetos e serviços são traduzidos e transformados nas linguagens do privado, do pessoal e do particular. Consumimos objetos. Consumimos bens. Consumimos informação. Mas, nesse consumo, em sua trivialidade cotidiana, construímos nossos próprios significados, negociamos nossos valores e, ao fazê-lo, tornamos nosso mundo significativo. Sou o que compro, não mais o que faço ou, de fato, penso. E assim, espero, é você também.

A maior parte do consumo é, portanto, vista como bastante trivial. Grandes decisões talvez sejam fruto de agonia. Mas milhões de pequenas outras são inteiramente prosaicas. Tanto que o consumo ou foi totalmente ignorado, pelo menos até pouco tempo, na literatura ou, quando é debatido, é condenado ou como periférico às coisas da vida real ou como imoral. É visto como trabalho feminino e, portanto, privado de importância. É notado apenas no excesso. Apenas quando é conspícuo. No entanto, o consumo faz o mundo girar. E o faz, pode-se argumentar, cada vez mais e insistentemente: "O consumo é um modo ativo de relações (não apenas com objetos, mas com a coletividade e o mundo), um modo sistemático de atividade e uma resposta global sobre a qual se funda todo o nosso sistema cultural" (Baudrillard, 1988, p. 21).

Baudrillard não está errado. Cada vez mais o *status* individual na sociedade deixa de ser definido por nossa posição nas relações de produção, à medida que as fronteiras entre classes secam na vinha do declínio da manufaturação e do proporcional crescimento das indústrias de serviço e do pessoal administrativo. Nossas identidades são reivindicadas, em vez disso, pelo sutil, às vezes não tão sutil, posicionamento da exibição. O mapa da diferença, que nos permite mapear nosso caminho através das hierarquias da riqueza e do poder, é definido por nossa capacidade de nos posicionar e ler as marcas do consumo. A boina já não é um indicador de classe, mas de *status*, indicador e *status* que mudarão com as estações.

Essas reivindicações, e nossa capacidade de fazer e sustentá-las, são, claro, uma das retóricas permanentes da vida cotidiana. O consumo implica uma exteriorização. O jogo da fantasia. A exibição da identidade. Um sistema capitalista em crise quase perene de superprodução oferece-nos mercadorias. Somos solicitados a ver os fregueses como os reis e as rainhas da praça de mercado, mas isso é uma ilusão que exprime mais as ansiedades de um sistema incapaz de arrogar-se o controle necessário sobre decisões de consumo do que as realidades do poder econômico. No entanto, a tensão existe. Fantasias devem ser oferecidas e corporificadas nas imagens da propaganda, nas manipulações do mercado de trabalho. Não podem, contudo, ser satisfeitas. E não o devem. Pelo contrário. Devem ser sustentadas, eternamente. As mercadorias que se nos oferecem são o produto de um alienante sistema de produção do qual dependemos por completo, embora elas nos ofereçam as matérias-primas para criar o senso que temos de nós mesmos. É esse o paradoxo de tal sistema. Como observa Appadurai (1996, p. 82), "o fato é que o consumo é, agora, a prática social pela qual as pessoas entram no trabalho da fantasia. É a prática diária pela qual a nostalgia e a fantasia se unem num mundo de objetos mercadorizados".

Num fascinante e sugestivo ensaio, Arjun Appadurai discute a cultura do consumo como central na modernidade, mas não específica dela. O que liga nossas próprias práticas de consumo às de nossos antepassados reside na relação entre consumo e tempo. Quero aqui seguir mais um pouco seu argumento, porque possibilita uma vigorosa entrada num conjunto de questões sobre o papel da mídia no consumo, assim como me permite explorar um aspecto da experiência até agora subestimada: sua temporalidade.

Ele começa com a observação de que o consumo é, essencialmente, repetitivo. Necessidades corporais requerem atenção contínua. O corpo como uma coisa social e historicamente específica, foco de preocupação, disciplina, exibição. Tal consumo se torna — exige-se que seja — um hábito. E o hábito, por seu turno, exige regulação. As sociedades criaram mecanismos, locais e ritmos próprios para a regulação do consumo. Os dias são marcados pelos lugares e momentos apropriados para comer. As estações são marcadas por nossa disposição para consumir e celebrar o que quer que amadureça. O calendário é marcado por eventos e rituais que realçam o processo de consumo, marcando o ano pelo drama do plantio ou da colheita, negando ou tolerando tanto o jejum como o banquete. E esses marcadores ainda têm uma forte presença entre nós. Appadurai diz, no entanto, que, no caso do consumo, o natural não define o cultural e o temporal. Ocorre, antes, o inverso, pois em sua visão é o consumo que organiza a vida; e os rituais, grandes e pequenos, que construímos em volta do consumo realmente criam o tempo em vez de simplesmente refleti-lo. O Natal é um exemplo típico disso, sobretudo se consideramos os complexos padrões de tempo associados a sua preparação e a sua administração. Tudo se reduz, claro, a comprar e às melhores maneira e ocasião de fazê-lo (idealmente com tempo de sobra e, de uma perspectiva econômica, mais idealmente ainda após as compras de Natal). Desse ponto de vista, o Natal não é simplesmente um fato sazonal mas uma celebração de um ano todo (Appadurai, 1996, p. 70).

As sociedades atravessaram o que chamamos retrospectivamente de a "revolução do consumidor" de diferentes maneiras. A passagem da interdição à moda via lei suntuária, que Norbert Elias (1978) detectou como a interface entre consumo e civilização, é geral, mas surgiu como resultado de diferentes forças e teve conseqüências diversas, dependendo de onde e como se deu. O consumo teve histórias diferentes nos Estados Unidos, na Europa e na Índia; e essas histórias, elas mesmas, são produto tanto de mudanças sociais gerais e da dinâmica particular de gosto e poder social como do surgimento do mercado, que afetou sociedades e grupos individuais de maneiras distintas.

Os objetos que agora valorizamos e compramos corporificam um tipo contraditório e complexo de temporalidade e medeiam, como o fazem, autenticidade, pátina e novidade. O passado se funde com o futuro, a nostalgia com o desejo. Nossa propaganda nos ensina a sentir falta de coisas que jamais perdemos, enquanto o consumo de massa é um exercício na administração do tempo: regulando a fantasia e estruturando o efêmero. E a moda é sua mais profunda expressão:

> Quanto à experiência do tempo, o prazer que se encontra no centro do consumo moderno não é o prazer da tensão entre fantasia e utilidade, nem o da tensão entre desejo individual e disciplinas coletivas... [O] prazer inculcado nos sujeitos que agem como consumidores modernos será encontrado na tensão entre nostalgia e fantasia, em que o presente é representado como se já fosse passado. Essa inculcação do prazer da efemeridade está no cerne da disciplinação do consumidor moderno... [Ela] exprime-se numa variedade de níveis sociais e culturais: a curta vida de prateleira dos produtos e estilos de vida; a rapidez da mudança da moda; a velocidade da despesa; os polirritmos

> de crédito, aquisição e presente; a transitoriedade das imagens dos produtos de televisão; a aura de periodicização que paira sobre produtos e estilos de vida no imaginário da mídia de massa (Appadurai, 1996, pp. 83-84).

Com esses argumentos, Appadurai delineia uma estética da efemeridade. Ela é, diz ele, a base fundamental da civilização em sua forma contemporânea, mediando e moderando os efeitos de uma cultura global e as conseqüências de um regime econômico global envaidecido por uma presunção de racionalidade e consistência. "O consumo moderno procura substituir a estética da duração pela estética da efemeridade" (Appadurai, 1996, p. 85). Bem, sim e não.

Está faltando algo nessa poderosa mistura de querer, lembrar, ser e comprar. É uma percepção do rítmico e do cíclico. E é uma percepção do tempo como uma estrutura. Fixar-se no efêmero é comprar a ideologia do mercado de massa e não ver que o efêmero é, ele próprio, dependente de continuidades, preditibilidades, ritmos do calendário. Só desejamos e administramos o efêmero porque sabemos que ele é permanente. Só estamos felizes com o espontâneo e o novo porque confiamos nas consistências do contínuo. E, nisto, a mídia não nos deixa parar.

Muito se escreveu sobre a qualidade do tempo numa sociedade globalizante e pós-moderna. Ele não se apresenta mais como uma coerção. Não conhece limites. É comprimido. As forças da mercadorização, as exigências do capitalismo numa economia mundial que parece ter de ir mais rápido justamente para ficar parada, o caráter particular da informação como um produto e um recurso globais, sem peso, transparentes, causaram uma mudança irrevogável no tempo. Ele foi retirado da experiência, do metronômico, das regularidades do relógio, do humano, do corpo, das estações. O trabalho agora é contínuo. A produção também. O relógio digital marca o tempo como um processo contínuo, em que o tempo consiste numa série de pontos: oito e cinqüenta e quatro, oito e cinqüenta e cinco, oito e cinqüenta e seis. Ele não marca mais o tempo — como fizeram os ponteiros que giram no relógio analógico — como um conjunto de relações e posições: cinco *para* as nove, um quarto *passado* das oito, meio-dia. O tempo não precisa mais ser lido.

Desses argumentos se segue que o tempo mercadorizado, o tempo que regula o consumo é tanto contínuo como efêmero. Ambos são crucialmente inter-relacionados. A mídia é o instrumento para nos persuadir a aumentar o nível e a intensidade de nossas atividades de consumo. Os canais de compra pela TV, os *web-sites* que oferecem comércio eletrônico não são escravos da tabela de horários ou dos ritmos naturais. Eles são ilimitados, eternos. O tempo é reduzido à insignificância, a uma questão individual. Tempo, consumo, mediação ficam todos dessocializados, dependentes apenas da excentricidade do momento.

Essa certamente parece ser a tendência, pelo menos tal como é lida dos pontos de observação das culturas metropolitanas. Não é, entretanto, a história toda. A vida cotidiana ainda é, para a maioria de nós, um complexo de diferentes tempos e pressões temporais. Marcada ainda pelo seqüenciamento de trabalho e lazer, ou de dias úteis e fins de semana, que, a despeito de sua erosão, exige que sincronizemos as atividades. O tempo consumista ilimitado não é ainda — nem uniformemente — transcendente. Uma vida cotidiana é ainda uma vida cotidiana. Seus ritmos ainda dependem de nossa participação nas culturas do consumo e da mediação. O tempo ainda é um recurso finito. Então o que será do tempo numa época de infinito consumo e eterna mediação? Outra questão que vai ao âmago das coisas.

Paddy Scannell (1988) documentou como a mídia tornou-se essencial para nossas percepção e organização do tempo: como ela cria uma ordem no calendário por meio de regularidades de eventos nacionais e globais; como ela marca, de maneira semelhante, os ritmos da semana e do dia pelas consistências de horários, eles mesmos projetados, de algum modo, para reproduzir, além de reforçar, os supostos ritmos da vida cotidiana. No entanto, aqui, como alhures, o tempo é o local de batalha. A temporalidade da mídia é uma dimensão crucial de seu aparato retórico; exortando-nos, conclamando-nos a aceitar suas definições do que é apropriado. Exortando-nos a interromper, talvez, o que estamos fazendo, a atender, a participar do tempo partilhado; a estar entre os milhões que assistem ao noticiário do horário nobre ou a uma novela popular. E exortando-nos a atender, também, à mídia como objetos de consumo e como facilitadores do consumo.

Como afirmei, nós compramos a mídia, compramos pela mídia e compramos em conseqüência do que vemos e ouvimos na mídia. Os ritmos da radiodifusão, da programação patrocinada da mídia segmentada, dos *banners* pulsantes na Internet, também são os ritmos do consumo. Os grandes eventos mediados do ano requerem nossa participação como consumidores, trocando presentes, comprando lembrancinhas. Os momentos menores do rádio, da televisão ou da *web* encorajam-nos da mesma forma: uma pontuada continuidade de propaganda e patrocínio; fragmentos de comércio em textos nada inocentes. Na propaganda de televisão, a compressão de tempo-espaço tem outro significado: o ato técnico de espremer 36 segundos de conteúdo num intervalo de 30 segundos (Jhally, 1990, p. 81).

O consumo foi, talvez ainda seja, e necessariamente, uma atividade social. Não estamos preocupados apenas com nossa capacidade de exibir os produtos de nossa habilidade como consumidores competentes, mas também parecemos estar preocupados com o processo de consumo como algo que desejamos partilhar e que propicia um momento de sociabilidade numa vida, em outros aspectos, solitária. Vinte e quatro horas de compras, como vinte e quatro horas de notícias, são um recurso a ser gerenciado e do qual muitos de nós não necessitarão — embora necessidade seja um conceito incômodo neste contexto. Mas tal recurso fornece, de modo óbvio o suficiente, flexibilidade. Ele sinaliza o começo da submersão do tempo padronizado e diferenciado, como o mar alisando as protuberâncias da praia. Talvez outra conseqüência do aquecimento global.

De fato, espera-se que o mercado para publicidade na Internet atinja bilhões de pessoas nos próximos anos. O comércio eletrônico, do qual uma proporção crescente será de atos individuais de consumo, também está evoluindo rapidamente. Essas novas mídias, especialmente a Internet, realmente nos convidam a um consumo contínuo. Tributos ao dinheiro, sem coação de rituais, não diferenciados pelo calendário, sem o toque da mão humana. No entanto, pesquisas dizem que o comércio eletrônico enfrenta o obstáculo da falta de confiança nos espaços virtuais indiferenciados da Internet: espaços em que transações ocorrem sabe-se lá onde, em que são tanto deslocadas como vulneráveis à violação.

A confiança é importante. Mais tarde, voltarei a ela.

Enquanto isso, há o *meu* tempo a ser considerado. Muitos dos argumentos, incluindo o meu até agora, pressupõem em algum sentido uma infinidade de tempo, tanto no ponto do consumo como no controle do consumidor. Tempo globalizante, tempo comprimido, homogêneo, efêmero, contínuo — nenhum faz reverência ao tempo como um recurso escasso. Quando o sociólogo Pierre Bourdieu voltou sua atenção para a França como uma nação de consumidores — e utilizou seu estudo para explorar como o consumo possibilitou as diferenciações minúsculas, mas específicas a classes, de gosto e *status* que, por seu turno, resultaram na geomorfologia social do país — ele se esqueceu de considerar tanto o tempo como a mídia. O resultado, a despeito de sua originalidade e da rigorosa atenção ao detalhe, foi uma análise estática e rija, com pouco a dizer sobre o consumo como um processo que era, ele mesmo, histórica e sociologicamente específico. Os franceses podiam ser distinguidos pela posse de capital econômico e cultural: eram ricos, ou pobres, em recursos materiais e também simbólicos, os quais não coincidiam. Os *nouveaux riches* tinham dinheiro mas não tinham classe. O artista, ou o acadêmico, tinha classe (pelo menos na França), mas não dinheiro. Mas quanto tempo possuíam, e como o usavam para fazer o quê?

No fim do século XX, o consumo não é nem contratado nem livre. Deve-se reservar tempo para ele, e nem todos o temos o suficiente, nem o administramos muito bem. Podemos, portanto, ser distinguidos — e significativamente — de acordo não só com a quantidade de capital econômico ou cultural que podemos mobilizar, mas também com respeito à quantidade de capital temporal. O capital temporal tem uma variável sexual. Mulheres da classe média, donas de casa, que criam os filhos têm muito pouco. Seus maridos, bem mais. Os desempregados estão repletos dele. No entanto, o capital temporal não é apenas uma questão de quantidade, mas de qualidade. E nossa capacidade de usar o que temos, e de usá-lo bem, depende, claro, de nosso domínio dos recursos materiais e simbólicos. O tempo é precioso e escasso para muitos. Vazio e inútil para muitos mais. Essa diferenciação torna absurda a argumentação sobre o tempo como uniforme. Também torna muito mais interessante o tempo, e mais complexo o papel da mídia em sua definição, sua distribuição e seu consumo. Pois, no consumo, consumimos tempo. E no tempo consumimos e somos consumidos.

A mídia medeia entre tempo e consumo. Fornece estruturas e exortações. A mídia é, ela mesma, consumida no tempo. Modas são criadas e anuladas. Novidades proclamadas e negadas. Compras feitas e recusadas. Anúncios vistos e ignorados. Ritmos sustentados e rejeitados. Consumo. Conveniência. Extravagância. Frugalidade. Identidade. Exibição. Fantasia. Anseio. Desejo. Tudo refletido e refratado nas telas, páginas e sons de nossa mídia. A cultura de nossa época.

Locais da ação e da experiência

Nesta seção, o foco muda de posição. Ele se volta para a geografia da mídia e para as questões que mais uma vez abordam a mídia como mediadora. A preocupação é com contexto e conseqüência. Nós nos envolvemos com a mídia como seres sociais de diferentes maneiras e lugares. As estruturas de dentro das quais vemos e ouvimos, ponderamos e lembramos definem-se em parte por onde estamos no mundo, onde pensamos estar e às vezes também, é claro, por onde gostaríamos de estar.

Os espaços do engajamento com a mídia, os espaços da experiência da mídia, são tanto reais como simbólicos. Dependem da locação e das rotinas que definem nossas posições no tempo e espaço. As rotinas que marcam as realidades do movimento e da estase em nossas vidas diárias. As rotinas que definem os lugares do, e para o, consumo da mídia. Sentados em frente da tela ou ao lado do teclado. No espaço pessoal, privado, mas também, como vimos, no espaço público. Não é apenas o filme que se faz numa locação.

Como essas coordenadas espaciais afetam a experiência da mídia? Como a experiência da mídia afeta nossas percepções de nós mesmos no mundo? Como podemos começar a compreender espaço e local como objetivos — uma sala de estar, um endereço, temporário, permanente — e subjetivos, um produto de anseio ou sonho? E como a mídia se engaja conosco em ambas as dimensões? Como pode nos fixar no espaço social e físico? Importa onde vemos e ouvimos? Que tipo de espaço ou espaços a mídia nos oferece ou nega?

Essas questões são importantes justamente porque o espaço se tornou uma entidade mais complexa do que talvez tenhamos imaginado que foi outrora. A modernidade provocou uma mobilidade geográfica e social, um desenraizamento que sucessivos estímulos industriais e políticos reforçaram, de maneiras construtivas e destrutivas. Muitos de nós, em número cada vez maior, já não podem depender das seguranças e estabilidades de lugar. A mídia pode compensar essa perda? Ela a reforça?

Saber onde estamos é tão importante quanto saber quem somos, e, claro, as duas coisas estão intimamente ligadas; mas o onde e o quem são dificultados não só pelas circunstâncias objetivas de lugar e pelos limites que elas impõem à nossa habilidade de agir no mundo e sobre ele, mas também pela capacidade da mídia de estender sua extensão e seu alcance: de oferecer uma janela para o mundo que, cada vez mais, não é apenas uma janela, mas um convite a estender nossa capacidade de atuar para além das coerções do imediato e do físico. De fato, rumo ao espaço virtual.

A seguir quero, portanto, explorar essas questões fixando-me nas três entrelaçadas dimensões, ou níveis mesmo, de ação e mediação: lar, comunidade, globo. Cada uma oferece uma oportunidade não só para considerar as características objetivas da vida e da comunicação no espaço social e midiático: para investigar a política e a cultura da casa, da vizinhança ou do sistema global. Mas oferece também uma oportunidade de explorar cada uma como um *imaginário*: como um lugar cujo significado e cuja importância são construídos como parte da cultura nos sonhos e narrativas da mídia e da vida cotidiana. É aqui, ou assim me parece, que devemos investigar o papel da mídia, definindo e articulando espaço e lugar, protegendo-nos e perturbando-nos, mantendo como também detendo a identidade, colocando-nos no centro ou nas margens e oferecendo-nos os recursos para transcender os limites de nosso espaço social imediato. Lar, comunidade e globo, em sua inter-relação inconsútil, mas também contraditória, também me permitirão investigar o papel da mídia em possibilitar ou impedir um senso de pertencimento.

10

Casa e lar

Uma garotinha, entre 5 e 6 anos de idade, volta da escola para casa numa tarde de verão. Entra correndo na sala de sua casa de subúrbio, joga a lancheira vazia no sofá e liga a televisão. Afunda-se diante dela, ajoelhada no tapete. Depois de poucos minutos, o jardim a chama, e ela sai. Senta-se no balanço. O televisor ainda está ligado, e a mãe, da visão pan-óptica na cozinha, notando que a filha não está mais assistindo, vem e o desliga. A menina reage imediatamente e, tão logo a mãe sai da sala, ela volta correndo, liga a TV e retorna ao balanço, mal conseguindo ouvir o aparelho.

Como analisar esse fragmento da vida cotidiana? O que ele nos poderia dizer sobre o papel da mídia? Que questões sugere?

Esse é o mundo infantil da casa e do lar. Um jardim. Uma cozinha. Uma mãe. Salvo. Seguro. E dentro dele, agora, a mídia. A televisão. Ligada ou desligada. Ligada *e* desligada. Sempre disponível. Sempre à mão. Incrustada na cultura do ambiente doméstico. Uma fonte de discórdia, mas também de dependência. Sua familiaridade, sua continuidade, sua eternidade.

Há muito a dizer sobre a casa e o lar, e sobre o papel de nossa mídia em defini-los, possibilitá-los, como também em miná-los. E são as dimensões opostas e contraditórias da experiência, a localização delas, sua fundação no espaço físico e psíquico de nossa própria domesticidade que pretendo considerar agora. Pois já não podemos pensar sobre o lar, como tampouco podemos viver no lar, sem nossa mídia.

O lar é um conceito intensamente evocativo, sobretudo, talvez, no século XX, em que se pode perceber que ficou extremamente vulnerável. De fato, tais conceitos, plenos de nostalgia, emergem com máxima insistência em épocas em que se reconhece que eles talvez já não estejam seguros no mundo real. O mesmo destino abateu-se sobre a família, a comunidade ou até mesmo a sociedade. Eles são repentinamente recuperados nos discursos da academia e da vida cotidiana quando estão prestes a desaparecer como estruturas sociais efetivas ou instituições. De fato, disciplinas inteiras, mais especialmente a sociologia, apareceram como fênix das cinzas desse mundo supostamente agonizante. Mais recentemente, ideologias políticas inteiras têm origem semelhante.

A linguagem está impregnada de expressões sobre o lar e a casa que tanto dependem de emoções fortes como as evocam: sentir-se em casa, regresso ao lar, não ter um lar. Lar, doce lar. O lar, no romance e no desejo, como um lugar para tudo, onde tudo está em seu lugar. E a mídia, também, em suas novelas e comédias de situação, direta e indiretamente, fornece representações igualmente poderosas e insistentes do que é estar em casa, como também pressupõe que tem, pelo menos durante a era da radiodifusão, um papel na sustentação da casa e do lar. Desse modo, semelhante discussão deve ir ao âmago das coisas.

Falar do lar e da casa não é, portanto, apenas falar de um único espaço físico. É falar de um espaço com profunda carga psíquica. Um espaço em que a memória conspira com o desejo, assim como muitas vezes o contradiz. É mais um lugar do que um espaço. Um lugar de abrigo. Um lugar catalisador e também opressivo. Um lugar com fronteiras para definir e defender. Um lugar de regresso. Um lugar do qual ver o mundo. Privado. Pessoal. Interior. Familiar. Meu. Todos esses termos têm seus opostos. E o lar é produto da distinção deles. É sempre relativo. Sempre posto contra o público, o impessoal, o exterior, o não-familiar, o teu. O lar, em contraposição aos membros da casa ou à família, cada um dos quais descreve diferentes tipos de domesticidade, parecer ter tido uma vida inequívoca; jamais ofereceu algo menos que esperança, uma medida do desejo.

O filósofo francês Gaston Bachelard, em seu extraordinário livro sobre a poética do espaço, escreve que o lar é o lugar do vaivém entre exterior e interior. Podemos pensar nisso como uma dialética do público e do privado, mas também do consciente e do inconsciente. O lar é, para ele, nesse sentido, um produto de tal dialética, como também, no contexto da vida cotidiana, sua precondição. A meu ver, a mídia ocupa uma posição central nessa dialética de interior e exterior.

Sigamos Bachelard em suas reflexões críticas por um momento:

> Devemos, portanto, dizer como habitamos nosso espaço vital, de acordo com todas as dialéticas da vida, como lançamos raízes, dia após dia, num "canto do mundo".
>
> Pois nossa casa é nosso canto do mundo. Como muitas vezes se disse, é nosso primeiro universo, um cosmo real em todos os sentidos da palavra. Se a olhamos intimamente, a mais humilde das moradas tem beleza... todo espaço realmente habitado comporta a essência da noção de lar... Uma casa constitui um corpo de imagens que dão à humanidade provas ou ilusões de estabilidade. Estamos constantemente reimaginando sua realidade: distinguir todas essas imagens seria descrever a alma da casa; significaria desenvolver uma genuína psicologia da casa (Bachelard, 1964, pp. 4, 17).

A preocupação, fenomenológica, de Bachelard é com o *status* da casa como lar. Trata-se de uma casa, como ele diz, que propicia tanto as realidades como as metáforas de nossa segurança num mundo infinitamente perturbado. Nunca deixamos nossa primeira casa. A casa de dentro da qual construímos nosso próprio universo, nosso próprio espaço cósmico. Mas a casa também fornece espelhos e modelos da mente. O porão é o inconsciente, escuro e úmido em suas forças subterrâneas: primitivo e pegajoso. O sótão é a fonte de medos cerebrais, mais facilmente racionalizados, mas, apesar disso, monstruosos. Como ele diz: "Uma casa que foi experienciada não é uma caixa inerte. O espaço habitado transcende o espaço geométrico" (Bachelard, 1964, p. 47).

E o espaço habitado tem portas e soleiras:

> Quão concreto tudo se torna no mundo do espírito quando um objeto, uma simples porta, pode fornecer imagens de hesitação, tentação, desejo, segurança, boa acolhida e respeito. Se alguém tivesse de fazer um relato de todas as portas que abriu e fechou, de todas as portas que gostaria de reabrir, teria de contar a história de sua vida inteira (Bachelard, 1964, p. 224).

Casas e lares implicam vindas e idas, movimentos do interior para o exterior e vice-versa. Soleiras para cruzar. Portas para abrir. Muros para defender. As fronteiras entre diferentes tipos de espaços, e os valores atribuídos a cada uma, variam de cultura para cultura e de época para época. A cidade e o subúrbio têm sentimentos diferentes em relação a suas portas. Tanto quanto o italiano e o inglês. A classe média e a classe operária. O degrau polido, as cortinas de renda, as varandas e as janelas panorâmicas, todos sinalizam e significam uma versão diferente da barreira entre dentro e fora: ver e não ser visto, ser visto e não ver. Acolher bem ou esconder-se. Mover-se livremente ou sentir-se coagido. Palcos e bastidores. Solitário e partilhado. Aberturas e fechamentos. "Mas quem abre e quem fecha a porta é o mesmo ser?" (Bachelard, 1964, p. 224).

A porta e seu lintel marcam a soleira. A soleira, por sua vez, é marcada como sagrada. Tradicionalmente, os judeus põem um pequeno escrínio, um mezuzá, no batente da porta. Quando cruzam a porta, eles o tocam e dizem uma oração: "O Senhor guardará minha saída e minha entrada desde agora e para sempre". O antropólogo Arnold van Gennep diz que esse cruzamento e os diferentes tipos de espaços conseqüentemente definidos constituem um modelo para todo ritual e para as maneiras como a sociedade sentiu a necessidade de distinguir entre o sagrado e o secular, o ordinário e o altamente investido; e de ver e moldar essas diferenças espacialmente. A porta tem, então, importância literal e espiritual. Sonhamos com portas. Nossas fantasias partilhadas e partilháveis são contadas como passagens por portas: portas da percepção, portas do outro lado das quais descobriremos mistérios, prazeres e terríveis pesadelos. Alice através do espelho.

Van Gennep (1960, pp. 12, 20) é bastante claro:

> A sacralidade é um atributo, não um absoluto; ela é acionada pela natureza de situações particulares... a porta é a fronteira entre o mundo exterior e o doméstico no caso de uma moradia comum, e entre o mundo profano e o sagrado no caso de um templo. Por isso, cruzar uma soleira é unir-se a um novo mundo.

E aquele que controla as entradas e saídas controla muito do que é importante para a mídia e para a vida cotidiana.

E agora temos novas portas, marcadas pela soleira da televisão ou da tela do computador. Portas e janelas que nos permitem ver e transpor os limites do espaço físico da casa; transpor, de fato, a imaginação. Ligar, conectar-se é transcender o espaço físico, é claro. Mas é adentrar, como sempre foi, mesmo no mundo da mídia impressa, um território marcado, que oferece um vislumbre de algo sagrado; ordinário mas ultramundano; poderoso em sua capacidade de nos dar a ilusão — e às vezes a realidade — do controle adquirido e exercido; poderoso, também, naquilo que amiúde se crê que ele é capaz de fazer para nós. Com efeito, onde no mundo o poder pessoal não é de dois gumes? Alcançar é também ser alcançado. Nossas contendas acerca da mídia, tanto a privada como a pública, são contendas acerca dessa soleira.

No Reino Unido, as emissoras públicas aceitam as restrições do que é conhecido, perspicazmente, como *a* soleira, a hora mágica, 21:00, em que se percebe que as crianças não estão mais vendo TV e as emissoras são liberadas de algumas das restrições quanto à decência. O tempo também tem suas portas. As inquietudes que alimentaram e consolidaram a pesquisa da mídia desde sua origem, começando talvez com os estudos do Payne Fund sobre o cinema na década de 1930, mas absolutamente intensificadas na era da televisão, baseiam-se nesse medo de que coisas indesejáveis cruzem uma soleira. E, mais recentemente, com as linhas para bate-papo por telefone, os quadros de avisos e redes globais pornográficas ou politicamente inaceitáveis, essas inquietudes tornaram-se ainda mais visíveis. Tememos agora não poder mais controlar nenhuma soleira: nem a da nação, nem a do lar. O temor da invasão e da poluição é intenso. Os ritos e direitos de passagem. Voltarei a esse tema.

Nossa preocupação com segurança e com o lar é inevitavelmente acompanhada de cuidados para protegê-lo. A mãe de minha ilustração inicial pode ter tido mais interesse em desligar a televisão para poupar energia do que para barrar um mal necessário. Mas para a filha a máquina era parte da casa. Sua familiaridade, e talvez até mesmo os distantes sons da vinheta de programas favoritos, bastavam para lhe dar conforto, eletronicamente distribuído, mas nem por isso menos real para ela.

Como observa Agnes Heller (1984, p. 239), a casa é a base para nossas ações e percepções, onde quer que estejamos:

> Essencial à vida cotidiana média é a consciência de um ponto fixo no espaço, uma posição firme da qual "procedemos"... e ao qual voltamos no devido curso. Essa posição firme é o que chamamos "casa"... "Ir para casa" deve significar: retornar àquela posição firme que conhecemos, com a qual estamos acostumados, onde nos sentimos seguros e onde nossas relações emocionais são as mais intensas.

E quando não podemos ir para casa? Quando estamos em trânsito, deslocados por guerras, pela política ou pelo desejo de uma vida melhor? Podemos, com nossa mídia, levar alguma coisa de casa conosco: o jornal, o vídeo, a antena parabólica, a Internet. Nesse sentido — e isso se tornou um tropo familiar da muita teorização recente sobre a nova era da informação — o lar se tornou, ou pode se sustentar como, algo virtual, sem local. Um lugar sem espaço, para compensar, talvez, as ocasiões em que vivemos em espaços que não são lugares. Quando não podemos *ir* para casa.

O que é protegido e preservado nesses espaços intensos e vulneráveis, *on-line* e *off-line*, reais e virtuais e imaginados, que chamamos lar?

Memória e lar têm uma inter-relação crucial. Gaston Bachelard escreve (1964, pp. 6, 15):

Lembranças do mundo externo nunca terão a mesma tonalidade das do lar e, ao evocá-las, enriquecemos nosso estoque de sonhos; nunca somos historiadores verdadeiros, mas sempre quase poetas; e talvez a emoção seja apenas uma expressão de uma poesia que se perdeu.

Assim, ao abordar a casa com o cuidado de não romper a solidariedade de memória e imaginação, podemos ter esperança de fazer os outros sentirem toda a elasticidade psicológica de uma imagem que nos leva a uma profundidade inimaginável... a casa protege o devaneio, a casa protege o sonhador, a casa nos permite sonhar em paz... A casa em que nascemos é mais que uma corporificação do lar, é também uma corporificação de sonhos.

Casa. A depositária de memória e cognição. As vidas aí conduzidas, partilhadas por famílias (nucleares e mais amplas), a familiaridade de cômodos e tecnologias, fornecem juntas uma mochila para o cotidiano, suas histórias e lembranças: talvez sobretudo da infância. Nossas experiências do lar são determinadas pelas circunstâncias materiais de nossa vida cotidiana e pelas maneiras como são lembradas e evocadas. As histórias do lar correm como veias no corpo social. E tais histórias já não são destituídas de mídia.

Pense em sua própria infância e em sua adolescência, e pense quantas vezes o fragmento de um musical, um personagem de uma novela ou mesmo recontar um evento notável evocam, como um perfume, um mundo. Penso na minha. Uma tela de televisão em preto-e-branco na sala. A coroação de Elizabeth II. O rádio transistor debaixo do travesseiro. Os programas da infância: *Jouney into Space, Two-way Family Favourites, The Cisco Kid, Quatermass and the Pit, In Town Tonight, The Six Five Special,* o "Potter's Wheel", a Radio Luxembourg. Partilhar aquele mundo com os contemporâneos, refletir sobre o passado que ele evoca, é conectar-se com o outro, domesticar um passado partilhável. Mas é também incluir lembranças da mídia na própria biografia, nas lembranças de casa, boas, más e indiferentes. Essas são as experiências formadoras: experiências da casa como um espaço mediado, e da mídia como um espaço domesticado. Seguros nelas podemos sonhar. Sem elas ficamos desolados. Dentro delas, certos tipos de compreensões são possíveis: as coisas corriqueiras de nossa vida cotidiana. Por meio delas, emergem linguagens privadas e morais pessoais; as histórias e identidades partilhadas dos que alegam ter um sonho singular de casa.

Ou que o desejam. Ou que projetam na fantasia e no desejo esses sonhos de mundos perdidos. Aqui também a mídia é essencial. Pois com a modernidade veio o deslocamento; e, como para compensar esse deslocamento material, o movimento de populações, a desintegração de famílias, veio a mídia. Do púlpito ao jornal, do carnaval ao cinema, do *vaudeville* à radiodifusão: a mídia de *massa*. Compensações para a perda do lar, traduzindo em espaço público imagens e alegações de lar, projetando-as sobre a vizinhança e a nação.

A versão desse movimento por Walter Benjamin é a privatização do interior burguês do século XIX. Esses espaços domésticos imaculados e imaculadamente controlados em que o mundo foi construído e reivindicado.

"A sala de estar era o camarote do teatro mundial" (Benjamin, 1976, p. 176), um espaço a partir do qual reivindicar as imagens e a informação de um espaço público e, ao mesmo tempo, poder decidir o que excluir. Para Raymond Williams (1974), a mídia respondeu a uma segunda onda de confiança burguesa quando famílias migraram da cidade para o subúrbio. Mais uma vez, o tema era a privatização, quando sistemas de radiodifusão surgiram para possibilitar a dispersão de populações: para ligar o lar privado a um lar público; de fato, para redefinir o lar como um espaço em que a radiodifusão era essencial e definir uma versão particular do lar como apropriado para conduzir a vida cotidiana. Primeiro o rádio, depois a televisão:

> A radiodifusão significa a redescoberta do lar. Nesses dias, em que a casa e o lar foram abandonados em favor de uma multidão de outros interesses e atividades fora, com a conseqüente desintegração de laços e afeições familiares, parece que essa nova tendência pode, em certa medida, reinstalar a raiz parental em seu velho lugar de costume, pois todos admitirão que esta é, ou deveria ser, uma das maiores e melhores influências sobre a vida (C. A. Lewis, 1942, citado em Frith, 1983, p. 110).

E agora? Os lares são vulneráveis à história. Isso não faz parte da equação de Bachelard, mas mal podemos ignorar tal fato. As portas, como afirmei, tanto podem ser abertas como fechadas. Os lares agora são políticos. Precisam ser continuamente reinventados. E a mídia é mobilizada, como ocorre com tantas tecnologias, para vir em socorro de uma instituição que ela mesma estaria minando. Que paradoxo punitivo.

No entanto, é possível dizer que quase todos os nossos impulsos reguladores — aqueles envolvidos com a posse de indústrias da mídia, de um lado, e os que concernem ao bem-estar da família, de outro — estão preocupados com a proteção do lar. O que os liga, claro, é o *conteúdo*: as imagens, os sons e significados transmitidos e comunicados diariamente, e sobre os quais os governos julgam ter controle cada vez menor. O conteúdo é importante, pois se pressupõe que ele seja significativo. Por banal que isso possa parecer, a mídia é considerada importante em virtude do poder que supostamente exerce sobre nós, *em casa*. Ela pode violar o santuário, ou salvaguardá-lo. Essa é a batalha. É a batalha pela família também; uma batalha para protegê-la em sua inocência e em sua importância central como instituição em que as morais pública e privada devem coincidir. É uma batalha pelo controle, uma batalha que os publicitários e anunciantes compreenderam e ainda compreendem. E é uma batalha que os pais também compreendem, quando discutem com os filhos a respeito de seus hábitos televisivos ou do tempo gasto *on-line*, e que em parte define, atravessando linhas de idade e gênero, a política particular de famílias individuais.

Uma pesquisa conduzida sob a direção de George Gerbner (1986) na Universidade da Pensilvânia por vários anos mostra que os que vêem televisão mais intensamente, uma atividade que eles definem como "predominante", começam a articular uma visão de seu mundo que é unicamente o mundo da televisão, representando, como ela faz, esse mundo em termos um tanto distanciados das realidades de suas vidas cotidianas. O mundo é visto através das lentes da televisão, por assim dizer; e, segundo os pesquisadores, esses espectadores predominantes são, como resultado disso, mais ansiosos, mais medrosos, mais conservadores. Essas conclusões talvez não sejam tão surpreendentes quando se reconhece que qualquer meio de comunicação dominante, com mensagens mais ou menos consistentes, isto é, ideológicas, provavelmente terá um efeito naqueles que o consomem. E a televisão é vista aqui como uma ameaça ao lar, pelo menos em sua forma atual. Essas descobertas são como grãos para o moinho de reformadores da moral e da mídia, para os quais a mídia é a fonte de muito, se não de todo, mal. Todavia, essa ingenuidade moral e metodológica é insustentável, especialmente agora que nosso espaço midiático se estende além do poder das emissoras de controlá-lo, e além da capacidade da televisão de definir seus termos de troca, como também os assuntos a discutir. A regulação do conteúdo está começando a parecer uma impossibilidade.

E assim continua a política da mídia, mesmo que as premissas nas quais se baseia sejam inadequadas e contraditórias. E tal política preocupa-se, sobretudo, com o poder de abrir e fechar portas, de controlar os direitos de passagem. Preocupa-se com o controle de rotas e entradas comerciais, com tecnologias de decodificação e com criptografia. Preocupa-se com a posse da mídia cruzada e o poder do capitalismo global de dominar as novas ondas de rádio digitais. Preocupa-se com a capacidade da mídia de fazer ou perturbar a vida em casa, de preservar culturas nacionais e domésticas, de permitir o cultivo daquele senso de lugar sem o qual nossa humanidade é vulnerável, um senso de localização independente de onde realmente possamos estar.

E estudamos a mídia em sua domesticidade por causa de nossa preocupação geral com os limites que cercam essa domesticidade e com as ameaças particulares que a tela, a soleira eletrônica, propõe para nós. Percebe-se que a nova ideologia da interatividade promete aqui uma reviravolta — uma ideologia que sublinha nossa capacidade de ampliar extensão e alcance e de controlar, mediante nossas próprias escolhas, o que consumir, quando e onde. Ela é chamada a desfazer um século de radiodifusão de um para muitos e da progressiva infantilização de uma audiência cada vez mais passiva. É a expressão de um novo milenarismo. Esses são os pensamentos utópicos de uma nova era em que se acredita que o poder foi finalmente dado às pessoas: isto é, às que têm acesso ao *mouse* e ao teclado e que podem controlá-los.

Claro, há questões mais amplas aqui, e continuarei a investigá-las, tanto nesta seção como no restante do livro. E tentarei manter em minha estrutura tanto os paradoxos do poder da mídia como a capacidade, igualmente paradoxal, dos indivíduos de utilizar a mídia no cotidiano para compreender suas vidas e para formar e articular a experiência.

O lar é onde começamos e onde, no desejo ou na realidade, terminamos. A mídia engaja e molda nosso senso de lar e nos permite marcar as passagens para trás e para a frente, no tempo e no espaço. E pode-se afirmar que é este o caso mesmo nas sociedades e nos pontos da história em que o lar parece uma causa perdida: quando populações são obrigadas a fugir; quando culturas inteiras parecem estar à beira de um abismo. Ainda precisamos dos mitos do eterno retorno; e a mídia é uma fonte, decisiva, desses mitos.

11

Comunidade

Vivemos entre os outros. Nisso reside nossa humanidade. Nisso reside também nossa inumanidade. Vivemos entre vizinhos, amigos e parentes. Vivemos como membros de maiorias e minorias étnicas, como membros de regiões e nações. Partilhamos valores, idéias, interesses e crenças e nos identificamos com quem tem valores, interesses e crenças como os nossos. Partilhamos passados e também o presente imediato: nossas biografias entrelaçadas com histórias e amalgamadas pela memória. Encontramos nossas identidades nas relações sociais que nos são impostas e nas que procuramos. Nós as vivemos diariamente. Percebemos uma necessidade de pertencer. E precisamos restabelecer a certeza de que realmente pertencemos. Construímos idéias do que é essa coisa à qual pertencemos, e a definimos e a compreendemos nas imagens que temos dela ou nas que nos são oferecidas. Precisamos constantemente de que nos lembrem, nos reassegurem de que nosso sentimento de pertencimento e nosso envolvimento valem a pena.

Então participamos de atividades que nos unem, atividades cujo único propósito é nos unir. Às vezes esse senso de pertencimento é opressivo. As fronteiras e barreiras que nos protegem também nos restringem. Mas odiamos ser excluídos. Podemos deixar um grupo um dia apenas para nos juntar a outro no seguinte. Distinguimo-nos dos que são diferentes de nós e criamos ou encontramos os símbolos, de bandeiras a times de futebol, para exprimir essas diferenças. De fato, esse distinguir-se é essencial para reconhecer e definir nossa própria distintividade. De vez em quando fazemos isso com bastante agressão: a necessidade de distinção dos outros torna-se um desejo de extinção dos outros. As diferenças são bem difíceis de tolerar.

A essas experiências conflitantes da vida social chamamos "comunidade". É um termo descritivo e avaliativo. Num momento uma observação benevolente e neutra sobre a vida de aldeia. No outro, um brado às armas. Num momento, uma estrutura para a análise das continuidades e mudanças da vida social. No outro, o cerne de um lamento pela perda de tudo que se considera bom e verdadeiro.

Sonhamos com comunidade. Com o comum e as realidades partilhadas que estão na base dela. Sonhamos com uma vida com os outros; com a segurança de lugar, familiaridade e cuidado. De fato, é difícil pensar em comunidade sem localização, sem um senso das continuidades da vida social que são fundadas, literalmente, num lugar. A comunidade, portanto, é uma versão do lar. Mas é pública, não privada. Deve ser procurada e, às vezes, encontrada no espaço entre a família e a sociedade mais ampla. A comunidade sempre implica uma reivindicação. Não é apenas uma questão de estrutura: de instituições que permitem a participação e a organização dos membros. É também uma questão de fé, de um conjunto de reivindicações de ser parte de algo partilhável e particular, um conjunto de reivindicações cuja eficácia é percebida precisamente e apenas em nossa aceitação delas. Comunidades são vividas. Mas também imaginadas. E se as pessoas acreditam que algo é real então, como o sociólogo americano W. I. Thomas admiravelmente observou, ele é real em suas conseqüências. As idéias de comunidade pairam entre a experiência e o desejo.

Quando o assunto é comunidade, como notou Kobena Mercer (1996, p. 12), "todo mundo gostaria de estar numa, mas ninguém tem muita certeza do que ela é". Essa incerteza é o produto de um sentimento de perda, mas também de desconforto: porque o mundo em que agora vivemos, um mundo de experiência fraturada, cultura fragmentária e mobilidade social e geográfica, minou e continuará a minar nossa capacidade de sustentar uma vida social de maneira significativa, segura e, talvez, sobretudo moral — em outras palavras, sustentar uma vida social em algo que queremos chamar comunidade.

Onde está ela, essa comunidade? Onde deve ser encontrada agora? De que depende: de que tipos de atividades e compromissos pessoais e sociais? Como a comunidade deve ser criada e defendida? Ainda a queremos? E quanto um senso de comunidade, quanto a realidade da comunidade dependem de nossa mídia, como agente de significado, comunicação, participação, mobilização?

Essas são as questões que quero tratar neste capítulo. Comunidade tornou-se uma palavra de efeito. Corporificada nas retóricas de novos movimentos políticos, na maior parte conservadores, e nas retóricas de formuladores de políticas públicas em níveis nacional e regional, ela muitas vezes se tornou uma desculpa para a ausência de pensamento social. "Cuidado na comunidade" é uma contradição onde não há comunidades de que cuidar. A comunidade européia é ainda uma fantasia política. O comunitarismo se tornou um credo baseado no pressuposto de que não há tal coisa como um conflito intratável a respeito de um tópico moral ou político. E nos confrontamos também — e essa é evidentemente uma questão central aqui — com a retórica da era da informação, em que se alega que a comunidade e, com ela, um certo senso de identidade e autenticidade podem ser encontrados, não no mundo de relações face a face (há muito consideradas destruídas pela marcha implacável da modernidade), mas nas substituições do real pelo eletrônico e pelo virtual: passar de *off-line* para *on-line*, e outras coisas mais. Novas formas de relação social, novas formas de participação, novas formas de cidadania, tudo parece possível no espaço eletrônico. Precisamos explorar essas alegações, e também estudar como a mídia e comunidade se tornaram tão intensa e sedutoramente entrelaçadas.

Com efeito, a relação entre comunidade e mídia é fundamental; e talvez, desde o início, com o aparecimento de uma imprensa nacional, o equilíbrio entre as comunidades construídas pelas experiências do face-a-face, pelas continuidades de uma sociedade imóvel e pelo partilhar de espaço físico e cultura material e aquelas construídas pelo que podemos chamar de imaginário tem se alterado.

A descoberta por Benedict Anderson da comunidade *imaginada*, criada com a ascensão da imprensa e ainda reconstruída a cada dia com a chegada e a leitura do jornal matutino, descreve o surgimento de um espaço simbólico compartilhado, o resultado da atividade simultânea dos milhões de indivíduos que, em seus atos de consumo literário, se alinham com uma cultura nacional e dela participam. As mesmas notícias a serem lidas todo dia e então esquecidas: um ritual de massa realizado no "covil do crânio" (Anderson, 1983, p. 39, citando Hegel): a criação de um público invisível; o aparecimento de uma comunidade abstrata e abstraída.

A impressão em massa vernacular permitiu a formação de Estados-nação, criados em volta de uma linguagem compartilhada e de uma cultura cada vez mais compartilhável. O jornal intensificou o processo, o produto sobretudo das demandas de uma nova era imperial e industrial, era em que populações em trânsito precisavam de uma nova base para comunicação e cultura, de uma nova base para o pertencimento. Assim, enquanto as fronteiras físicas se tornavam mais porosas e as coerções institucionais mais brandas, os vínculos seriam cada vez mais procurados e, de fato, encontrados no reino do simbólico.

Claro, as comunidades sempre tiveram uma composição simbólica, e também material. Elas são definidas pelas minúcias da interação cotidiana, assim como pela efervescência da ação coletiva. Agimos sobre elas e as traduzimos em ações. Mas, sem sua dimensão simbólica, não são nada. Sem seus significados, sem crença, sem identidade e identificação, não há nada: nada a que pertencer, de que participar; nada para compartilhar, promover, e nada para defender.

Como argumenta Anthony Cohen (1985, p. 16):

> O referente quintessencial da comunidade é que seus membros vêem, ou acreditam ver, um sentido similar das coisas, de modo geral ou com respeito a interesses específicos e significantes, e, além disso, que eles pensam que tal sentido pode diferir de outro visto alhures. A realidade da comunidade na experiência das pessoas é, portanto, inerente ao vínculo ou compromisso que elas têm com um corpo comum de símbolos.

Desse modo, as comunidades são definidas não só pelo que é compartilhado, mas pelo que é distinguido. E fundamentais à compreensão da comunidade são a existência, a natureza e o poder das fronteiras traçadas para distinguir uma comunidade da próxima. Atributos comuns e diferença. Mas não necessariamente uniformidade. E nada de absolutos:

> A glória da comunidade é conter essa variedade [de comportamento e idéias] de tal modo que sua inerente discordância não subverta a aparente coerência expressa por suas fronteiras... O ponto importante desse argumento é que essa relativa similaridade ou diferença não é uma questão de avaliação "objetiva": é uma questão de sentimento, uma questão que reside no espírito dos próprios membros (Cohen, 1985, p. 20).

Cohen elabora esse argumento geral como pertinente à comunidade, não só a comunidades historicamente específicas, embora seja difícil não acreditar que a própria capacidade de elaborá-lo e também sua crescente relevância sejam o produto de uma era moderna em que, precisa e empiricamente, a comunidade veio a ser construída em textos e símbolos públicos da vida cotidiana: nos significados mediados da cultura eletrônica.

Seguirei mais um pouco o argumento de Cohen, pois isso nos levará ao núcleo das questões que se devem formular a respeito da mídia. O tema da fronteira é fundamental. Como também é fundamental a participação no ritual. As fronteiras definem, contêm e distinguem. Dentro delas os indivíduos encontram significados partilháveis; e os símbolos que passam a *representar* a comunidade também têm um poderoso papel em *defini*-la. Os rituais implicam comportamento simbólico. Participamos de atividades impregnadas de significado. Os rituais nos unem, em nossas diferenças, sob a égide de um comum, mas poderoso, conjunto de imagens e idéias que são mecanismos para afirmar e reforçar nossa unicidade e nos permitem distinguir-nos daqueles — nossos vizinhos — cujo modo de vida queremos afastar e excluir. Os rituais são essenciais à comunidade, e a comunidade, em sua expressão e reflexão no ritual, é essencialmente uma reivindicação por diferença. A consciência das fronteiras simbólicas de nossa cultura e a dramatização de tais fronteiras na performance delas são uma precondição para a construção e a manutenção da comunidade. Nossas fronteiras nos definem. Estudamos a mídia porque ela fornece um recurso constante para a comunidade, embora às vezes, como argumentarei, de maneiras inesperadas e contraditórias.

De fato, a mídia *faz* comunidade de três maneiras: expressão, refração e crítica. Até seria possível dizer que essas três dimensões da mídia e da comunidade têm uma especificidade histórica e tecnológica. Retornarei a esse ponto.

A percepção, por Benedict Anderson, do papel da imprensa na criação de uma comunidade imaginada em escala nacional é um exemplo da maneira pela qual se poderia ver que a mídia exprime a comunidade. Mas, numa era do rádio e da televisão, essa capacidade e as defesas que dela foram feitas ultrapassaram o alcance e a extensão da palavra impressa. O rádio, isto é, o rádio de serviço público, era o veículo nacional formador-de-comunidade *par excellence*. O Tratado de Versalhes significou um divisor de águas no *status* de nação na Europa, e o período pós-guerra viu o surgimento, para o bem e para o mal, de ideologias e instituições dedicadas à construção de comunidades nacionais fortes e singulares.

O rádio se tornou, autoconscientemente, parte crucial disso. Talvez tenha sido a BBC, sob o comando de John Reith, que seguiu essa idéia de maneira mais benigna. O uso do rádio por Hitler foi, claro, outra história. Mas ambos viram no rádio a capacidade de fornecer as matérias-primas simbólicas com que a nação poderia construir uma identidade compartilhável. E o rádio não o fez apenas com o apelo a audiências dispersas e anônimas, mas na transmissão, para essa audiência, de um leque de grades, narrativas e eventos de forte conteúdo que juntos forneceram, para os que estavam dispostos a ouvir, a estrutura simbólica para a participação na comunidade. Acreditar nela e agir em seu benefício. A programação da BBC forneceu estrutura, no ciclo das grades diárias e semanais e na transmissão ao vivo de importantes rituais nacionais, tanto sagrados como seculares; e também forneceu conteúdo nos programas que contaram os contos da nação, reformaram seus mitos e histórias, transmitiram seus sons e vozes. Coroações, finais de copa, conversas; música e fala; o boletim de notícias noturno; o empolado, o trivial e o transcendente; alguma coisa para todo mundo.

A singularidade e a consistência do discurso do rádio, até mesmo em sua variação, eram uma expressão precisa de, e uma reivindicação por, comunidade. Em época de guerra — quando caíam, e ainda caem, as luvas — ele é transparente. Ideologia é substituída por propaganda. A comunidade precisa ser mobilizada. Mas nos primeiros anos, e agora, a mídia de radiodifusão foi capaz de fornecer, separadamente na maior parte, embora não necessariamente com sucesso total, a cola social que é a comunidade. Era e é a nação se expressando, criando-se e sustentando-se, definindo-se em sua unicidade e em sua diferença. A fronteira é tanto lingüística como técnica: inglês é a língua; o Reino Unido é o território e o limite de transmissão. Mas a fronteira também é definida, e obviamente defendida, na criação de uma realidade simbólica, na suposição de sua relevância e na busca de seu poder.

As fronteiras da comunidade podem ser definidas de outras maneiras, e aqui também a mídia é fundamental. Na *expressão* de comunidade pela mídia, pode-se detectar uma agenda política singular, como também uma agenda social; e pode-se ver, nessas reivindicações por comunidade, um apelo direto por identificação e participação. A *experiência* da comunidade é menos direta, e a comunidade é *refratada* de modo nada óbvio.

Anthony Cohen chama atenção para o fenômeno da inversão simbólica, as maneiras como

> as pessoas não só marcam uma fronteira entre sua comunidade e a dos outros, mas também invertem as normas de comportamentos e valores que "normalmente" marcam suas próprias fronteiras. Nesses rituais de inversão, as pessoas comportam-se diferente e coletivamente, de maneiras que eles supostamente abominam ou que são normalmente proscritas (Cohen, 1985, p. 58).

Há uma enorme atividade aqui. Talvez a melhor maneira de lidar com ela seja voltar a Jerry Springer. O homem e seu *show* são ultrajados. Contudo, são bastante vistos. Além disso, geraram uma legião de imitadores. A TV vespertina nos Estados Unidos é toda confessional, e o vírus está se espalhando. Como expressão particular das profundezas a que a cultura popular vai descer, poucos se igualam a ela; mas é precisamente essa descida que é o ponto de debate.

A cultura popular sempre teve capacidade de inversão. O carnaval simplesmente foi sua mais visível expressão. Sociedades foram contidas, e comunidades foram sustentadas, pelos rituais muitas vezes claramente delimitados pelos quais se tornou possível performar e proclamar tudo que era antagônico ao que era dominante ou supostamente dominante na cultura dos tempos. A transgressão e a transcendência implicaram descida e inversão, que, contanto que não saíssem do controle, eram toleradas e, de fato, encorajadas. Para um antropólogo, tais momentos e eventos são profundamente funcionais. Os senhores da desordem governavam e, em suas proclamações, perversamente reforçavam o poder do simbólico e do domínio que a comunidade exercia sobre seus membros; e o poder do ritual permitia aos membros dessa comunidade identificar-se, no espelho, com o reverso do que lhes faziam diferentes e especiais. Uma experiência a ser partilhada e dramatizada. Significados a ser sustentados. Um senso de pertencimento.

Em nossa própria época de mídia de massa, o popular ainda está em atividade; e essa função ritual, em que os valores e idéias de uma comunidade são inversamente refletidos, ainda é sustentada. Vamos pôr de lado, por um momento, uma crítica que veria isso como uma estratégia deliberada de um capitalismo dominante e uma sociedade totalitária e considerar o que pode estar ocorrendo e a relevância disso para uma compreensão da comunidade.

Há continuidades históricas e culturais entre a imprensa popular e as últimas manifestações da televisão popular. Os tablóides e a imprensa marrom nem sequer foram o começo disso. A tipografia gerou uma literatura vernacular indecente e sediciosa, assim como produziu o religioso e o intelectual. E o que essas diversas manifestações do popular forneceram foi um local para a definição de fronteira em que os valores dominantes estavam sendo continuamente transgredidos e subvertidos, mas, nesse mesmo processo, principalmente afirmados. Classes e culturas encontram sua distintividade nesses textos e nessas manifestações simbólicas da comunidade. Em tais lugares e épocas, tornou-se possível dizer e fazer coisas que seriam, em outros aspectos, inaceitáveis, mas que eram estruturalmente relacionadas com o que se reconhecia como o especificamente normal. Em tais lugares e épocas, tornou-se possível jogar e performar contra a corrente; e, no partilhar desse jogo e nessas performances, a solidariedade foi declarada e reivindicada tanto no grupo de jogo como na comunidade como um todo. Apesar disso, o popular não foi, é claro, apenas um lugar para contenção, mas um estímulo para mudança social e cultural.

O que está se passando, no programa de Springer, senão a proclamação ritual — pelo testemunho pessoal e pelo dramático conflito interpessoal — do não-dito e do indizível na vida social? O que está sendo exibido no programa de Springer é incesto e infidelidade, transexualidade e transgressões de todos os tipos. Essas coisas estão sendo representadas mediante conflitos altamente ritualizados, em frente de um público convidado e participante; e os atores, em sua maioria, são da subclasse da sociedade moderna: negros urbanos, brancos pobres do Sul, hispânicos da segunda geração, cujas culturas são negadas e reprimidas e que obtiveram um espaço, um espaço que eles se arrogaram para sua própria versão de desordem.

Aqui, as fronteiras estão sendo tanto transgredidas como, na transgressão, afirmadas. O espaço para o processo de inversão é firmemente definido, não só pelo tempo disponível para cada programa, mas pela própria homilia final de Springer, em que o anormal é ou reintegrado às formas dominantes da realidade ou justificado à luz delas

— aqueles valores e crenças que ele espera que seu público compreenda e compartilhe. Realmente não se deixa muita coisa ao acaso. E é nessa expectativa de que o público compreenderá a relação entre o que vêem e o que sabem que algum senso de comunidade está sendo declarado. Aqui, a comunidade é refletida pela lente da mídia. Aqui, as fronteiras em volta de nossa cultura estão sendo definidas e reforçadas, e aqui também, de maneiras que talvez nos pareça difícil assumir, a mídia está fornecendo um vislumbre de um mundo em transformação.

A terceira maneira pela qual a mídia "faz" comunidade, que quero considerar sucintamente, concerne a seu papel como crítica. Mais uma vez, não há nada de novo nas maneiras como a mídia tem podido se envolver criticamente nas estruturas políticas ou éticas que sustentam as comunidades nas quais ela aparece. Nenhuma fronteira é sacrossanta. Contudo, pela rápida expansão da rádio comunitária e pelo crescimento da Internet, é possível ver, ironicamente, na mídia de massa mais antiga e na mais nova uma liberdade para seguir uma atividade crítica ou alternativa, a partir das margens, por assim dizer, ou do baixo-ventre da vida social. A esse respeito, a rádio comunitária tem um papel importante nos países em desenvolvimento, e, nas sociedades industriais, a liberação do espectro e a digitalização da comunicação criaram novos espaços para vozes alternativas que fornecem o foco tanto para interesses específicos da comunidade como para o contrário e o subversivo.

Como resultado desses desenvolvimentos, da minoria e do local, do crítico e do global, é possível dizer que a primeira e mais importante vítima será a comunidade nacional.

Consideremos, por um momento, o caso da televisão para minoria étnica na era vindoura da transmissão digital por satélite e cabo, era em que, ao menos em princípio, haverá menos limites ao acesso a canais de radiodifusão e assinatura também será relativamente barata. Um artigo publicado em 1998 (Silverstone, 1998) defendia a criação de um canal judeu a cabo ou via satélite no Reino Unido. O argumento baseava-se nas características particulares e necessidades observadas da comunidade judaica no Reino Unido, comunidade com uma história de participação assimilativa na cultura da sociedade de acolhida, mas agora rachada pela discórdia e pelo declínio demográfico. O artigo dizia que a comunidade judaica poderia ser revivificada, e sua cultura secular revigorada, pela criação de tal canal. Nele, as vozes judaicas seriam ouvidas, e os valores e idéias judaicos seriam discutidos. Isso foi visto como uma oportunidade para expressão e reflexão. Mas era uma oportunidade reivindicada por uma minoria. Outras minorias étnicas já tinham feito, ou logo estariam fazendo, o mesmo.

Essas reivindicações por comunidade pela mídia são críticas, mas em dois sentidos. Elas oferecem uma visão alternativa do papel da radiodifusão na comunidade, como também uma visão alternativa da comunidade. As novas reivindicações são por participação e vínculos mais estreitos entre o *on-line* e o *off-line* do espaço da radiodifusão. Mas também por comunidades no plural: distintas, introspectivas e que provavelmente terão fortes repercussões na qualidade e no caráter da vida pública no século XXI. Há, claramente, tensões não resolvidas aqui. Elas incluem versões contraditórias da comunidade tanto na estrutura e no conteúdo da mídia como no caráter e na conseqüência do papel da mídia na textura geral da experiência.

Certamente há, aqui, uma agenda para os que pretendem estudar a mídia. Comunidade pode ser um termo desgastado ou mal empregado, mas ele aborda algumas das questões nucleares sobre o que torna a vida cotidiana possível e aceitável. As bases familiares para a criação e a manutenção da comunidade em toda a modernidade estão começando a se erodir. Nisto, a mídia é central, pois fornece os recursos simbólicos tanto para a mudança como para a resistência à mudança.

No entanto, a agenda não se reduz à radiodifusão de minorias ou à rádio comunitária. Há uma agenda global também para a comunidade, e para um novo veículo para criar e sustentá-la. Entram em cena a comunidade virtual e a vida social na Internet.

Um subproduto de meu argumento neste capítulo é o reconhecimento de que *todas as comunidades são comunidades virtuais*. A expressão e a definição simbólicas da comunidade, com ou sem nossa mídia eletrônica, foram estabelecidas como uma condição *sine qua non* para nossa sociabilidade. As comunidades são imaginadas e participamos delas com e sem o face-a-face, com ou sem contato. Os que proclamam uma nova era da comunidade possibilitada pela Internet dizem que a comunidade é possível sem proximidade e que, por persistentes comunicações múltiplas (às vezes, como na descrição do WELL de Harold Rheingold de 1994, sustentadas por interações face a face subseqüentes e talvez bastante decepcionantes) num grupo auto-selecionado de entusiastas (que escrevem em inglês), cria-se uma nova realidade social compartilhada, em que os indivíduos são apoiados e podem tanto encontrar significado como expressar e manter uma identidade pessoal.

Não é minha intenção, o que também me pareceria fora de propósito, questionar se esses novos fóruns mediados são comunidades "reais" ou não. Assim como não é minha intenção investigar, item por item, as maneiras pelas quais a interação social sustentável e a fantasia coletiva são possíveis nos MUDs e grupos de Usenet que dominam a comunicação mediada por computadores. Muito claramente, no último caso — por mais deprimidos que os envolvidos sejam considerados (Kraut et al., 1998) — temos todos os motivos para acreditar que uma espécie de sociabilidade sustentável é possível. Essas realmente são questões para um estudo posterior.

Contudo, está claro que ainda restam questões importantes por resolver, sobretudo na interface entre "comunidades" *on-line* e *off-line*, e na capacidade de novas expressões da sociabilidade eletrônica de compensar as falhas percebidas na sociabilidade tradicionalmente mediada. É este particularmente o caso, como afirmei, no que respeita ao papel da nova mídia na vida pública e em sua capacidade de possibilitar uma participação significativa no processo político. Retornarei a esses tópicos em meu capítulo final.

12

Globo

O magistral romance de Thomas Wolfe, *O trem e a cidade*, é dominado pela imagem e pela metáfora do trem. Símbolo de modernidade e da inquietação da juventude, ele faz a narrativa avançar sempre mais, para novas terras, novos tempos, para a América e para o século da América. A história começa com uma viagem de trem, do sul para o norte. Mais tarde há outra, desta vez uma corrida entre trens de companhias rivais. Correm emparelhados, um com pequena vantagem, depois o outro. Eugen Gant observa do interior cálido, seguro de seu vagão Pullman, e vê os passageiros no outro trem, enquanto eles o vêem:

> E olharam um para o outro por um momento, passaram, desapareceram e foram-se para sempre; contudo lhe pareceu que ele tinha conhecido essas pessoas e que as conhecia melhor do que as pessoas em seu próprio trem e que, tendo-as encontrado por um instante sob céus imensos e atemporais, enquanto eram arrojados através do continente para mil destinos, eles tinham se encontrado, passado e desaparecido, mas se lembrariam disso para sempre. E ele achava que as pessoas nos dois trens também sentiam isso:

> com vagar, passaram agora uns pelos outros, e suas bocas sorriram e seus olhos eram de amigos, mas ele achava que tinha certo pesar e dor no que eles sentiam. Pois, tendo vivido juntos como estranhos na imensa e populosa cidade, eles agora tinham se encontrado sobre a terra perene, passado uns pelos outros por um momento, num arrojo entre dois pontos no tempo sobre os trilhos brilhantes, para nunca mais se encontrar, se falar ou se conhecer, e a brevidade de seus dias, o destino do homem, era naquele instante saudação e despedida (Wolfe, 1971, p. 473).

Wolfe publicou isso em 1935. A ação transcorria na década de 1920.

Pode-se dizer que a ferrovia foi o começo: uma nova tecnologia de comunicação abrindo os continentes para o povo comum, definindo o caráter particular de nossa própria modernidade, esse desequilíbrio peculiar e paradoxal de movimento e inatividade, de reconhecimento e alienação, de lugar e falta de lugar, tempo e intemporalidade, conexão e desconexão, do frágil e do efêmero, do ganho e da perda.

Transporte e comunicação. Viagem, comércio e império. Ferrovia, telégrafo, telefone, rádio, cinema, televisão, Internet, unindo modernidade e globalização: do vapor às válvulas, aos transistores, aos *chips*. Um processo contínuo de dominação, extensão e abstração, à medida que a tecnologia progressivamente reduz o globo. O que agora definimos como globalização e o que agora anunciamos como um admirável mundo novo liberado pelas maravilhas do eletrônico e do digital têm uma história. Uma história da máquina, uma história das instituições e indústrias que cresceram em torno da máquina e uma história das coisas, das pessoas, das notícias, das imagens, das idéias, dos valores que eram transmitidos pela máquina. E, pelo fato de a globalização ter uma história, devemos ter o cuidado de não a atribuir exclusivamente à condição pós-moderna.

Em certa medida, a globalização é um estado de espírito; ela vai até onde vai a imaginação. Os mapas do mundo, em suas diversas projeções, sempre ofereceram representações do que se sabe, se acredita e se alega que está ao alcance. Todos nós temos nossos próprios mapas do mundo e de nosso lugar neles.

Mas a globalização é também uma realidade material. Indústria, finança, economia, Estado, cultura, tanto separadamente como juntos, operam no espaço e no tempo globais e são construídos dentro deles: transgredindo fronteiras, transcendendo identidades, fraturando comunidades, universalizando imagens. E a mídia tanto permite como representa esse processo. Tanto que cada vez mais o damos por certo. Damos por certo que nossas chamadas telefônicas e *e-mails* alcançam o outro lado do mundo em segundos, e que imagens de catástrofes ao vivo e de partidas de futebol e novelas vespertinas podem ser vistas nas telas de qualquer cidade do planeta. E damos por certo que, como Joshua Meyrowitz observou, "A televisão... agora acompanha as crianças pelo globo até mesmo antes de elas terem permissão para atravessar a rua" (Meyrowitz, 1985, p. 238).

Sem dúvida, vivemos numa era global. O mundo, literalmente, é nossa ostra. Esta é a época em que as relações tempo-espaciais são substituídas por relações espácio-temporais, em que a história se retira diante da geografia, e em que a geografia não mais precisa do espaço material para justificar sua existência. Harold Innes, mentor de Marshall McLuhan, viu essas mudanças como resultado direto de mudanças na natureza da comunicação. McLuhan também o fez e, com presciência mas imprecisão, cunhou o termo "aldeia global" para descrever o que ele julgou ver. Depois dele, James Carey e Walter Ong forneceram, juntos, uma estrutura no estudo da mídia que colocava a mudança tecnológica no centro da questão. Nossa capacidade de nos conectar, nos comunicar, nos informar, nos entreter, de modo instantâneo, insistente e intenso em qualquer lugar e em todo lugar tem profundas conseqüências para nosso lugar no mundo e nossa capacidade de compreendê-lo. Se ainda não tínhamos uma, aqui está uma razão para estudar a mídia, por seu papel nisso tudo, na possibilitação e na transformação das relações sociais e culturais no palco do mundo, e em sua significância para nós enquanto cuidamos de nossas atividades diárias nesse mundo.

A globalização é o produto de uma ordem econômica e política em transformação, em que a tecnologia e o capital se associaram num novo imperialismo multifacetado. Podemos ser cautelosos ao insistir na capacidade de expansão infinita do capitalismo, e certamente reconheceríamos sua força destrutiva quando se trata da comunidade. Mas, apesar do laceramento em volta das bordas na Malásia, na Rússia e na América do Sul no fim do milênio, sua história no pós-guerra é de extraordinário sucesso. É impossível ignorar os desequilíbrios e desigualdades que marcam a economia global, mas é igualmente impossível ignorar sua capacidade de reprodução e contínua expansão.

A última metade do século testemunhou a transformação na capacidade produtiva do capitalismo global. A mudança de uma economia nacional, fordista para uma internacional, pós-fordista, trouxe o processo de manufatura e distribuição para mais perto do consumidor: um processo mais responsivo, cada vez mais impulsionado pela demanda, com diferentes atitudes quanto ao trabalho e importantes conseqüências para a industrialização do mundo. Há os que descrevem essa mudança como uma mudança do capitalismo organizado para o desorganizado. O capital, no entanto, opera num palco mundial de uma maneira inconcebível até mesmo poucos anos atrás: deslocando mercadorias, trabalho, maquinaria de uma região para outra sem pouca consideração das necessidades de economias locais ou dos desejos de governos nacionais. Sempre *just in time*. Há uma crença comovente na racionalidade de tudo isso, porém as mais óbvias conseqüências — a incapacidade das nações de compreender suas economias, muito menos de controlá-las; os custos sociais gerados pelas resultantes inseguranças do desemprego; e as interdependências globais financeiras e econômicas cada vez mais vulneráveis — produziram um mundo cada vez mais nervoso.

Aqueles que defendem o livre comércio, em elementos básicos como também na música e no cinema, tendem a dominar esse comércio; e, no mundo pós-guerra, o capitalismo e a globalização andaram de mãos dadas;

ambos requerem um ao outro. O que os possibilita, claro, é o livre e instantâneo fluxo de informação, um fluxo que requer uma nova ciência econômica para sua compreensão e seu controle, um fluxo com profundas conseqüências para a maneira como organizações operam no tempo e no espaço e, conforme muitos acreditam, para a identidade de culturas e sociedades individuais e para sua capacidade de sobreviver.

As indústrias culturais foram algumas das primeiras a se globalizar: tanto causa como conseqüência do planeta em encolhimento. Hollywood ainda é o paradigma. Então, quando falamos — como fazemos e como continuarei a fazer aqui — dos tipos de liberdades a serem ainda adquiridas pelas culturas minoritárias e por interesses locais para contribuir para a cultura global ou apropriar-se dela, ainda temos de nos lembrar das condições sob as quais o comércio é conduzido. Ainda temos de notar a escala e o escopo do controle exercido em indústrias culturais pela multinacional, mesmo que seu quartel-general seja Berlim, Tóquio ou Londres, em vez de Atlanta ou Seattle. E mesmo que notemos, como de novo devemos, a falta de coincidência precisa entre posse e conteúdo, a equação nem sempre resulta em favor da diversidade e da abertura. A Sony, em seu conjunto, não produz cultura japonesa para o globo. Ela produz a cultura de Hollywood e do que outrora foi chamado de *tin-pan alley* [o mundo de compositores e editores de música popular]. Sobra pouca coisa dos bens globais comuns. Foi quase tudo abarcado.

Meu interesse aqui é na globalização como uma força cultural mediada e em sua relação com a experiência. A percepção que temos de nosso lugar no mundo depende, é claro, de como vivemos nele e de como o vemos. A esse respeito, arrisco dizer que estamos constantemente nos movendo para fora e dentro da cultura global. Passamos de estruturas locais de referência, da ordinariedade do dia-a-dia, da vizinhança, do local, para tempos e espaços que têm uma referência e uma definição mais extensas. Fazemos isso no trabalho e no lazer. No espaço físico e no simbólico. Por vontade própria ou sob ameaça. E nesses movimentos, os movimentos de indivíduos e grupos, estamos constantemente reivindicando o direito de ser nós mesmos, reivindicando identidade, uma parte do pouco que sobra dos bens globais comuns. Invasores, violadores, terroristas, todos. E algumas vezes com sucesso.

Certos autores identificaram isso como um processo de fluxo inverso: do local e do individual para o global e o coletivo, e não o contrário. Eles apontam a capacidade de culturas locais, quase sempre e especialmente as culturas musicais, de penetrar o espaço global e mudá-lo. Apontam o poder simbólico exercido pela indústria cinematográfica de Bombaim ou pela telenovela brasileira. Mas talvez "fluxo" seja um termo inadequado. "Gota" talvez chegue mais perto do alvo, e mesmo assim não sem uma contenda, tampouco sem uma mudança constante de significado. A música de Soweto, tal como expressa no *mbube* de Ladysmith Black Mambazo, entrou no espaço global com a agora clássica apropriação dela por Paul Simon em seu álbum *Graceland*. Todas as ambigüidades e contradições de tal movimento são visíveis aqui: uma carga permanente sobre a cultura musical popular global e uma constante mudança dentro dela; a visibilidade de vozes e harmonias minoritárias na mesma cultura e, contudo, uma transformação de significado e importância assim que essas vozes saem de seu nicho. E também se pode perguntar pelos efeitos que essa visibilidade global tem sobre a música e sua capacidade de manter o que podemos ser ingênuos o suficiente para querer chamar de sua autenticidade.

De fato, no que Arjun Appadurai (1996) chama de *mediascape*, a globalização é um processo de tradução. Acreditamos que a informação financeira transmitida instantaneamente entre Londres e Hong Kong ou Singapura é a mesma quando chega e quando sai. Acreditamos que Hollywood ou Disney são os mesmos em Paris ou Penang e em Poughkeepsie. Acreditamos que as notícias do mundo são as mesmas onde quer que sejam recebidas. Mas sabemos que não são. Sabemos que os significados viajam longe e rápido, mas não inocentemente nem invulneravelmente. Sabemos que as imagens via satélite transmitidas ao vivo do Golfo durante a guerra contam uma história aqui e outra lá, e que a história, com o tempo, mudará em ambos os lugares. E, como acabei de insinuar, sabemos que as culturas, as culturas locais, minoritárias, culturas agressivas cada vez mais defensivas, têm a capacidade ainda de trabalhar com os significados que vêm de alhures e também de contribuir para eles.

O que o global significa para os diferentes grupos e culturas que existem nele? Há uma tensão aqui: entre as forças de homogeneização e fragmentação; entre aceitação branda e resistência; entre consumo e expressão; entre medo e favor. As culturas híbridas que se formam tanto no centro como na periferia do sistema mundial, culturas ainda significativamente moldadas por políticas culturais nacionais, aparecem em todos os níveis. E nós, pois essas são nossas culturas, nos confrontamos com uma constante interação de identidade e diferença. Num minuto *Diet Coke*, no outro *chop suey*.

A generalização se torna impossível ou, se não impossível, não bastante interessante. A frágil unidade da ordem econômica mundial não é automaticamente expressa nem numa ordem política uniforme nem numa cultural. Os que falam de distanciamento espácio-temporal ou de compressão espácio-temporal como denominador comum do global e vêem num deles, ou em ambos, um alicerce ontológico — como também uma debilitação — de nossa capacidade de viver no mundo oferecem uma abstração muito grande. O desvinculamento, "o 'destacar-se' das relações sociais dos contextos locais de interação através de lapsos indefinidos de espaço-tempo" (Giddens, 1990, p. 27) têm uma longa história na modernidade (como ilustra o trecho de Thomas Wolfe), mas não são, mesmo agora, uma experiência global uniforme. Considere-se o número de telefones, televisores e computadores *per capita* de Soweto, ou mesmo a capacidade das pessoas comuns de lá de participar significativamente na economia global e de refletir sobre o que o global pode significar, em suas variações e em sua diferença.

Não. Estudamos a mídia porque precisamos reconhecer as ambigüidades e contradições da cultura global e das culturas globais. E também estudamos a mídia porque precisamos saber como culturas globais realmente operam. Também precisamos saber o que precisa ser feito para preservar e promover interesses minoritários. Em que sentido realmente vivemos na cultura global e de que maneiras a mídia nos possibilita ou impossibilita fazê-lo?

Quero analisar essa questão recorrendo ao papel da mídia entre grupos desfavorecidos ou marginalizados pela cultura predominante, minorias cujo lugar na cultura global e na sociedade é definido, tanto positiva como negativamente, por seu deslocamento, por sua participação no que foi reconhecido como uma das dimensões-chave da vida social no fim do século XX: a diáspora.

A diáspora foi outrora singular. Ela descrevia a dispersão dos judeus após a queda do Segundo Templo em Jerusalém, uma dispersão que os levou aos cantos longínquos do que era então o globo: África do Norte, Ibéria, Índia e Europa, tanto ocidental como oriental. A diáspora é agora plural. Descreve os múltiplos movimentos de populações globais no planeta. O fim da Segunda Guerra Mundial encontrou milhões de pessoas deslocadas em toda a Europa. Desde então, esse movimento tornou-se continental, à medida que populações e culturas se moviam de uma localidade para outras, atraídas por oportunidades de trabalho ou outra vantagem, empurradas pela pobreza, pela fome ou pela inquietação política.

Dizer que essas populações foram de algum modo absorvidas, assimiladas ou a sua cultura anfitriã ou mesmo a uma cultura global uniforme seria, na maioria dos casos, um erro óbvio. De fato, a política global contemporânea é, em importante medida, uma política em que minorias, deslocadas recentemente ou menos recentemente, procuram, e procuram defender, não apenas o direito de existir materialmente mas o direito de manter sua própria cultura, sua própria identidade. Mais uma vez, isso pode ter, e teve, conseqüências benignas e malignas. Mas o que une essas várias atividades é a noção de que as populações envolvidas são, a um só tempo, locais e globais: são locais na medida em que são culturas minoritárias vivendo em lugares particulares, mas são globais em sua extensão e em seu alcance. Nem tanto comunidades, parecem-se mais com redes: redes unindo membros de diferentes espaços, diferentes cidades, redes unindo os dispersos com os que ficaram em casa, em algum sentido do termo. Redes que estão cada vez mais operando por meio da mídia. Populações deslocadas, punjabis em Southall, judeus marroquinos em Bordeaux, turcos em Berlim, albaneses em Milão, mexicanos em Sacramento, chineses em Toronto, gregos em Melbourne, irlandeses em Boston, cubanos em Miami podem manter vínculos com outros grupos similarmente deslocados em todo o mundo e também com seus países de origem.

Num ensaio curto mas sugestivo, que explora a mecânica e as implicações desse processo e do que ele chama "mídia interdiaspórica", Daniel Dayan (1998) relaciona as várias maneiras tradicionais e "neotradicionais" pelas quais grupos dispersos podem manter, e mantêm, sua própria versão de cultura global. Elas vão da produção e circulação de *newsletters*, audiocassetes e videocassetes (de produção comercial ou doméstica), ícones sagrados e outras pequenas mídias até a troca de cartas, telefonemas, fotografias, viajantes individuais e a constituição de redes interdiaspóricas por organizações religiosas ou políticas com agendas específicas. Isso sem mencionar sua participação na grande mídia de massa que fornece, cada vez mais, por cabo ou via satélite, acesso global à programação local, tanto na televisão como no rádio, e evidentemente pela Internet.

Essas são, cada uma, manifestações da mídia particular possibilitando a formação de redes globais. O resultado? Um grau de conexão. A impossibilidade do exílio. A capacidade de minorias em qualquer lugar de ser minorias em toda parte. A capacidade de culturas de sobreviver, talvez quando de outro modo não o pudessem, embora sejam inevitavelmente transformadas no processo. Há questões aqui, é claro, relativas à passagem do tempo e às diferentes experiências da primeira, da segunda e das subseqüentes gerações de emigrantes; ao uso de diferentes mídias e a seu papel em permitir a formação e re-formação de culturas minoritárias nos espaços adversos de sociedades anfitriãs e estruturas globais. Desse ponto de vista, a globalização é um processo multifacetado e, acima de tudo, questionado. Não é uma esfera exclusiva das elites, nem da mídia global, mas um vaivém de identidades e interesses, mobilizados e articulados por um espaço cada vez mais eletrônico, mas ainda dependentes dos, e vulneráveis aos, movimentos reais das diversas populações pelo espaço e pelo tempo.

As minorias têm de negociar suas diferenças, em contextos tanto locais como globais. A mídia fornece recursos para isso: a mídia que elas geram e a que recebem; a mídia de sua própria cultura e a de sua cultura anfitriã. O que surge, claro, é algo novo: um cosmopolitismo menor, um novo hibridismo cambiante, refletido e expresso na mídia, tanto antiga como nova. Assim pensa Marie Gillespie, na conclusão de seu estudo da mídia e da identidade na diáspora dos sul-asiáticos na região oeste de Londres:

> à medida que a globalização das comunicações e das culturas articula novos tipos de relações temporais e espaciais, ela transforma os modos de identificação disponíveis na sociedade. A mídia está sendo usada por consumidores produtivos para manter e fortalecer fronteiras, mas também para criar espaços novos, compartilhados, em que formas culturais sincréticas, tais como "novas etnicidades", podem surgir. Esses processos são desiguais e suas conseqüências, imprevisíveis, embora provavelmente de peso. Mas não podem ser examinadas abstratamente ou à distância (Gillespie, 1995, pp. 208-209).

Em todos esses sentidos, a globalização é um processo dinâmico. As conexões estão aí para ser feitas. As culturas se formam e re-formam em torno dos diversos estímulos que as comunicações globais possibilitam. O estudo de Gillespie evoca o papel da televisão e particularmente do vídeo em permitir aos imigrantes parentais da primeira geração conservar vínculos com seus países e culturas de origem, imigrantes que de algum modo, embora muito indiretamente, se mantêm em contato com a tradição. São essas mesmas mídias que permitem a seus filhos reposicionarem e redefinirem um espaço cultural onde *Mahabharata*, *EastEnders* e MTV coincidem.

Claro, a globalização tem efeitos e também significados contraditórios. Quando Kenneth Starr colocou seu relatório ao Congresso dos EUA na Internet para o mundo inteiro ver e então ser reproduzido nas primeiras páginas e nas telas de TV da mídia mundial, ele se tornou instantaneamente global, como se de algum modo houvesse um júri global ao qual apelar. Taxistas em cada cidade do mundo perguntariam aos passageiros suas opiniões. Isso se tornaria uma fofoca global. Se foi isso o que McLuhan quis dizer com aldeia global, então talvez estivesse certo. Um evento compartilhado. Mas em sua imersão nas entranhas de culturas nacionais, locais, regionais, étnicas, religiosas privadas, seus significados e sua importância se fragmentam. Do Taliban a Trinidad, não se pode presumir uma consistência de interpretação. Tampouco se pode pressupor que a singularidade do evento, sua presença global, vai de algum modo gerar uma resposta uniforme. O *tópico* pode ser global, mas ele se torna um *recurso* para a expressão de interesses e identidades locais e particulares.

Então poderíamos perguntar: o que acontece a esse sentido do global quando é confrontado com nossa experiência cotidiana? Como posso compreender, como compreendo, meu lugar neste mundo global? Quanto posso tolerar dele? Quanta responsabilidade posso assumir? Ou melhor, quanto estão me pedindo que assuma? Até que ponto vai essa globalização? É, ela mesma, um "como se" da representação midiática? Ela depende da separação crucial, e prematura, de cultura e sociedade?

Fazer essas perguntas é, claro, levantar uma série de questões morais e políticas que não podem ter uma resposta simples, embora eu vá discuti-las novamente na seção final deste livro. Mas é inverter a formulação habitual da globalização. Pois a globalização impelida pela mídia é vista por muitos como a base para uma política global, para a cidadania global, para, de fato, uma sociedade global. A televisão e sobretudo a Internet fornecem o espaço global para o tráfego global de imagens, idéias e crenças que podem ser, manifestamente, compartilhadas. Como se ver e ouvir fossem compreender. Como se informação fosse conhecimento. Como se acesso fosse participação. Como se participação fosse efetividade. Como se comunidades de interesse pudessem substituir comunidades interessantes. Como se o bate-papo global, tanto o sincrônico como o assincrônico, fosse comunicação.

Como os passageiros de Wolfe, viajamos numa infra-estrutura global, passando uns pelos outros como ladrões na noite. Momentos de reconhecimento, momentos de identificação. Conexões efêmeras com eventos e vidas distantes. Algumas reivindicamos. Algumas mobilizamos. Algumas mantemos ao alcance do braço. Eventos que ocorrem em todo planeta são vistos e discutidos em nossas telas. Às vezes, eles nos afetam profundamente. Algumas pessoas podem achar que eles exigem uma resposta: um presente, uma doação à obra de caridade, a compra de um jornal extra. E há coisas aí para aprendermos, levarmos para casa. *Sites* da internet, *home pages*, para o ciberviajante extenuado. Há votos a dar e visões a exprimir, e há poder para ainda ser exercido.

O global é uma coisa frágil. A economia global está se mantendo com dificuldade. A política global ainda está fadada ao fracasso. A cultura global é vista, mas poucas vezes ouvida. Os Estados sobrevivem. O regionalismo avança.

Os conflitos sociais são endêmicos. Contudo, e sempre há um contudo, nossa imaginação abarca o globo de maneiras tão novas quanto tangíveis. A mídia permite isso, pois ela fornece a matéria-prima para esse trabalho imaginativo. O que permanece em questão é saber como o imaginário pode se fixar sobre os quadros da vida cotidiana e, mais uma vez, saber que papel a mídia poderia ter nessa tarefa. Esse é o tópico de minha próxima seção.

Fazendo sentido

Esta seção é sobre fazer sentido e fixar significados. Nela, investigo a importância central da mídia para nossa capacidade de criar e sustentar ordem em nossas vidas diárias e de nos encontrar e nos posicionar nessa ordem. A mídia se tornou indispensável para esse empreendimento. Nossa iniciação em mídia cria um contexto em que a referência e a reflexão, as reiterações constantes do senso comum e as características definidoras da modernidade devem ser, elas mesmas, objetos de referência na própria presença e na representação ubíquas da mídia. Tão logo possamos ler, como ignorar o livro?

Ordem e desordem são temporais, espaciais e sociais. Classificação implica a medida da diferença e da similaridade, no tempo e no espaço, e por grau. Tanto as culturas como os indivíduos estão envolvidos. Nosso senso comum e nossos lugares-comuns são as pedras de toque da realidade: onde nossa ordem será encontrada e justificada. As mídias são, num grau significativo, a matéria-prima, os instrumentos, mas também o produto de nosso trabalho com estes instrumentos: a areia, a pá, o castelo e o estandarte de nossa vida cotidiana. Nesse sentido, a mídia é, essencialmente, reflexiva. E, também nesse sentido, estaríamos perdidos sem ela.

Mas o projeto da mídia não carece de ironia, nem de contradição. Profundamente entranhada no tecido da ordem social como é, ela fornece tanto uma rota que leva à realidade como uma barreira contra ela. Nossa vida no mundo subjuntivo mediado pela mídia exige ser constantemente reassegurada. A textura da experiência, que dá forma a nossas ações e as alicerça, precisa de atenção contínua. A verdade e a validdade do que vemos e ouvimos, e do que sentimos, têm de ser testadas, constantemente testadas. Sempre há distorções e conflitos insolúveis. Há coisas que não vemos claramente, e coisas que iludem. É preciso compreender isso, para compreender como a mídia contribui para nossas certezas e incertezas estabelecidas, como indivíduos e membros do mundo social.

As dimensões-chave do processo social, que nos situam no espaço, no tempo e na identidade, que nos permitem administrar riscos, a história e a presença dos outros, não são mais, se é que já foram, dimensões livres de mediação. Nosso alcance conceitual e imaginativo é ilimitado, o que é, claro, percebido como liberação e também como coerção. O alcance história adentro, o alcance através de continentes é, como já disse em várias ocasiões, um alcance que transforma à medida que captura. A tradição choca-se com a tradução. A identidade, com a comunidade. A razão, com a sensibilidade.

A seguir, exploro três dimensões da capacidade da mídia de propiciar uma estrutura para a condução da vida social e para a busca de segurança e da identidade no dia-a-dia. Confiança, memória, alteridade: cada uma é essencial para esse projeto social básico e cada uma é crucialmente definida e flexionada em nossas relações com a mídia, em todos os seus aspectos. Cada uma implica a criação e a manutenção de valor; e, implicitamente, é a questão do valor que estou levantando. Estou, portanto, atrás de algo talvez bastante impalpável, mas algo que, a sua maneira, é o mais fundamental de tudo. Uma percepção da mídia como uma das formações radiculares da sociedade moderna, profundamente incrustada em, e afetando vigorosamente, nossa humanidade.

13 Confiança

Clico em www.amazon.com, a livraria da Internet. "Compra segura e fácil — garantida!" Uma página que tranqüiliza. Jamais vou precisar me preocupar com a segurança de meu cartão de crédito, já que toda transação será cem por cento segura. Estou protegido contra despesas não autorizadas. A união da garantia da Amazon com o Fair Credit Billing Act dos Estados Unidos limita a 50 dólares meu crédito, e a Amazon me cobrirá por qualquer coisa até esse montante, "se o uso não autorizado de (meu) cartão de crédito não resultou de nenhuma falta (minha)" (porém, supostamente, apenas se a transação ocorrer nos Estados Unidos). Estou certo de que há segurança nos números: mais de três milhões de pessoas compraram na Amazon sem riscos e sem fraude no cartão de crédito. Estou certo de que a tecnologia é segura. O Secure Server Software (SSL), o padrão da indústria, criptografa toda minha informação pessoal para que não possa ser lida enquanto "a informação viaja pela Internet". Se ainda estou preocupado, tudo o que devo fazer é digitar os últimos cinco números de meu cartão de crédito e receberei instruções sobre compra por telefone. Fico mais tranqüilo? O que está acontecendo aqui?

Estão me pedindo que confie num sistema abstrato. Estão me dizendo que meu dinheiro estará seguro e minha identidade, protegida. Ninguém saberá o que estou encomendando. Nenhum dinheiro meu vai desaparecer em mãos erradas. Estão me pedindo que ponha fé na tecnologia. Dizem-me que o governo federal me protegerá do pior. E estão me oferecendo uma tranqüilizadora metáfora do processo: a informação que ofereci está realmente viajando com segurança através de uma rede.

Por ser velho o suficiente, posso imaginar uma versão eletrônica daqueles contêineres viajando por tubos a vácuo nas lojas de departamento do que agora parece ser outra época: dinheiro dobrado correndo para seu destino, um escritório de contabilidade no sexto andar, e depois voltando com um recibo escrito a mão. Vupt! Não há nada muito problemático nisso. Nem nessa época nem agora. E ainda que haja, ainda que, de algum modo, a ausência de uma pessoa ou voz na transação eletrônica, a falta de um reconhecimento de minha própria identidade e humanidade, um não-reconhecimento de que posso ser mais que uma simples abstração — ainda que essas continuem a incomodar, posso telefonar. Posso voltar a uma infra-estrutura tecnológica com que estou familiarizado (embora um dia talvez tenha perdido a confiança nela também). Posso falar para uma secretária eletrônica e, de algum modo, arrancar o espinho da suspeita.

Mas se ainda desconfio? Se, de algum modo, minha noção de todo o processo é ainda condicionada por metáforas não de segurança, mas de caos, por visões de linhas cruzadas e de pacotes desaparecendo no éter, como meu assistente do Microsoft Office '97 quando decido desativá-lo? Se não tenho nenhuma noção de um destino, ou de norte e sul? Se absolutamente não acredito na solidez e na segurança da palavra eletrônica? Ou se, ao contrário, imagino um intenso sistema de informação fazendo tabulação cruzada de toda transação eletrônica que já fiz, com o resultado de que começarei a receber correspondência não desejada me empurrando mais coisas para comprar? Se imagino que estou sendo reconstruído como uma espécie de ciber-eu num espaço eletrônico: um consumidor digital, todo *bits* e *bytes* e prova incriminatória, para ser vendido ao próximo fornecedor de informação comercial ou política? Se no passado me vi lutando incompreensivelmente com contas telefônicas que sempre parecem ser o dobro do que imaginei que seriam? Se deixei de fazer a transição de uma tecnologia para outra? Se a nova é estranha e ameaçadora? Se ainda quero me aferrar às seguranças do face-a-face e à poeira de minha livraria local? Se ainda quero tocar para fazer transação? E então?

Não posso ser forçado a confiar. A confiança não é um ato de vontade. Pelo contrário. A confiança é tanto uma precondição como uma conseqüência, de uma transação como a que eu poderia fazer com a amazon.com, ou de qualquer outra transação contínua ou regular com um banco, um supermercado ou um agente de viagem. Ou, de fato, com qualquer outro ator em meu espaço social. E, neste mundo intensamente mediado, a confiança é tanto minada como restaurada pela própria mídia. Aqui, como alhures, a mídia ocupa uma posição central;

não apenas em sua capacidade de representar ações e representações como confiáveis e de nos tranqüilizar nessas representações, mas em sua íntima participação na comunicação, que se dá na interface onde a confiança é, ou não, possibilitada. A confiança, como observa Partha Dasgupta (1988, p. 50), é uma mercadoria frágil.

Sem confiança não poderíamos sobreviver. Como seres sociais, econômicos ou políticos. A confiança é essencial para a administração da vida cotidiana; para nossa própria sensação de segurança pessoal num mundo complexo; para nossa capacidade de agir, de lidar um com o outro, de compartilhar, de cooperar, de pertencer. Como a administramos? Que papel a mídia desempenha nessa administração? O que o estudo da mídia pode nos dizer sobre a criação e a sustentação da confiança em nosso mundo global?

E o que é confiança?

> confiar numa pessoa significa acreditar que, quando tiver oportunidade, ela provavelmente não agirá de uma maneira prejudicial a nós; e a confiança será *tipicamente* relevante quando ao menos uma parte for livre para desapontar a outra, livre o suficiente para evitar uma relação arriscada *e* coagida o suficiente para considerar a relação uma opção atraente. Em suma, a confiança está envolvida em quase toda experiência humana, ainda que, é claro, em graus bem diversos (Gambetta, 1988, p. 219).

Assim pensa o economista Diego Gambetta. A confiança ganha importância quando tenho de julgar o comportamento de alguém em relação a mim sob condições em que não posso monitorar o que ele fez antes. Para a confiança ser relevante é preciso haver uma possibilidade de os outros nos traírem. A confiança é um dispositivo para lidar com a liberdade alheia.

A confiança básica tem sua origem na experiência da infância; de fato, nas primeiras experiências da infância. O psicanalista britânico D. W. Winnicott desenvolveu uma teoria do indivíduo que coloca em seu centro uma explicação da capacidade de sentir-se e estar seguro no mundo. A "segurança ontológica", novamente tanto a precondição como a conseqüência de nossa capacidade de confiar, aparece como resultado das consistências do cuidado que os pais dispensam ao filho nos primeiros meses de vida, e do conseqüente desenvolvimento do tipo de confiança em si mesmo e nos outros resultante de tal cuidado.

A segurança ontológica é uma condição fundada em — e que por sua vez permite — nosso ser no mundo. Aprendemos inconscientemente, e se tivermos sorte suficiente, a confiar em nossos primeiros arredores e especialmente nas pessoas que os habitam. Aprendemos a nos distinguir dos outros, a testar a fronteira entre fantasia e realidade, a começar o longo processo que nos permitirá contribuir para a sociedade em que vivemos, pelas consistências de cuidado e atenção que recebemos. Essa confiança mantém a ansiedade acuada. Ela nos permite administrar o que, de outro modo, seria um mundo complexo eternamente ameaçador em que teríamos de lidar com todas as interações como se fossem as primeiras, em que a experiência não valeria para nada e em que não seriamos capazes de distinguir realidade, honestidade e boas intenções de seu oposto.

Para a maioria de nós, na maior parte do tempo, a atitude natural no mundo dado-por-certo é aquela que nos permite manter nossa sanidade na passagem pela vida e pelo dia-a-dia. Rotinas, hábitos, reforços cognitivos e emocionais, continuamente reafirmados, as seguranças (muitas vezes altamente ritualizadas) de nossa passagem pelo tempo e pelo espaço, e as consistências com que nossas interações uns com os outros satisfazem expectativas fornecem, juntos, a infra-estrutura para um universo moral em que nós, seus cidadãos, podemos levar a cabo nossas atividades cotidianas. Pelo aprendizado de confiar nos outros, aprendemos, de uma maneira ou de outra, a confiar nas coisas. E, do mesmo modo, pelo aprendizado de confiar nas coisas aprendemos a confiar nas coisas abstratas. A confiança é, portanto, conquistada e sustentada pela ordinariedade da vida de todo dia e pelas consistências da linguagem e da experiência.

Mas tal confiança requer que trabalhemos continuamente por ela, assim como nossa participação na vida de todo dia requer um comprometimento permanente. Temos de fazer ambas as coisas:

> o que se aprende na formação da confiança básica não é apenas a correlação de rotina, integridade e recompensa. O que também se domina é uma metodologia extremamente sofisticada de consciência prática, que é um contínuo dispositivo protetor (embora carregado de possibilidades de fratura e disjunção) contra as ansiedades que até mesmo

o mais casual encontro com os outros pode potencialmente provocar (Giddens, 1990, p. 99).

A contradição aqui entre a atividade exigida de nós, como participantes da sociedade, de nos engajar constantemente com os desafios que a vida propõe e a aceitação passiva das estruturas do mundo dado-por-certo, as quais, justamente por serem dadas-por-certas, insinuariam que não precisamos nos engajar conscientemente com elas, é mais aparente do que real. Ambas as coisas são necessárias. Ambas são, juntas, precondições para eficácia e sanidade, segurança e confiança.

Num estudo anterior (Silverstone, 1994), discuti o papel da mídia nesse projeto de construção e sustentação da confiança. Nele, defendi o importante papel que a televisão, em particular, e o rádio, antes dela, tiveram em possibilitar nossa segurança ontológica, nossa confiança em nossas instituições e nas continuidades de nossa vida cotidiana. A mídia radiodifusora surgiu com as grandes expansões dos subúrbios no período entre-guerras. Seu papel foi intensificado durante a Segunda Guerra Mundial; e, numa espécie de repetição, as décadas de 1940 e 1950 viram a televisão, o meio de comunicação supremamente suburbano, especialmente nas sociedades anglófonas, entranhando-se profundamente no que todos nós damos por certo, como um componente essencial da realidade experienciada.

Passamos a depender da mídia para essa segurança. Temos confiança de que ela sempre está aí, e entramos em pânico quando ela falha. Contamos com ela para informação sobre o mundo ao qual não teríamos acesso sem ela, e somos reconfortados pelas familiaridades reiterativas de noticiários e novelas: personagens que conhecemos, locutores cujas vozes e rostos reconhecemos, estruturas de programação que entendemos, podemos prever e essencialmente tratamos como corriqueiras. A televisão está sempre ligada. A mídia está sempre conosco. Como primeiro plano etambém como pano de fundo. As continuidades, o zumbido, do canal de música de um lado; a administração da crise, de outro. A despeito do crescente cinismo de populações muito sofisticadas para considerar fofoca tudo que lêem e ouvem, em tempos de turbulência, turbulência nacional, global, turbulência no vizinho, nós ligamos o rádio, compramos mais jornais, vemos mais noticiários na TV. Noticiários de ponta a ponta, mesmo no mundo fragmentário do cabo e do satélite, podem ser vistos como uma tentativa de preservar esse papel: televisão eterna, jamais fora do alcance, sempre aí.

Noticiários de ponta a ponta nos imunizam contra o pavor, contras as ansiedades entorpecentes de um mundo de altos riscos. A capacidade da mídia de produzir confiança tem, claro, como muitas outras coisas, dois gumes. Ela atrai a negação, mas também encoraja o engajamento. Podemos confiar na distância que ela oferece entre nós e os riscos e desafios do mundo, e também confiar em seu encorajamento para o envolvimento. Ela ocupa o espaço uma vez dominado pela superstição e pela religião, permitindo-nos formar reflexivamente nosso senso de nós mesmos em comparação com o que vemos e ouvimos sobre o mundo que existe alhures do outro lado da tela ou do alto-falante, alhures no ciberespaço: céu ou inferno.

A mídia são sistemas abstratos em que confiamos, que reforçam nossa prontidão a confiar em outros sistemas abstratos e fornecem uma estrutura para confiarmos uns nos outros. Se essa confiança é psicologicamente insatisfatória, como argumenta Anthony Giddens (1990, p. 113), é uma questão discutível. Depende do que está sendo avaliado em comparação com ela, e de quais outras fontes de confiança, incluindo a pessoal, poderiam estar, ou já estiveram, disponíveis. De fato, tal abstração não é nem uniforme, nem consistente. Vivemos num mundo em que experiências mediadas e não-mediadas se entrelaçam. Nos "como-se" de nossas relações com as figuras públicas em suas representações midiáticas, em nossa capacidade de ocupar os sucedâneos de espaços públicos que a mídia de tempos em tempos nos oferece, e no que levamos das articulações públicas de moral e mito para nossas próprias vidas privadas, a mídia não é simplesmente ou apenas abstrata. Tampouco ela funciona sem nossa ativa participação.

Mais problemático é o nível de abstração de que depende esse argumento. Pois, no mundo em que muitos de nós vivemos, nem sempre é fácil ganhar essa confiança, que é, ela própria, sempre dependente das vicissitudes da história e da circunstância. Ela pode ser perturbada e solapada, mas também sustentada. Além disso, a confiança, em sua criação e em sua ausência, não é inocente. Ela não pode ser objeto do querer, mas pode ser criada, ou pelo menos as condições para sua criação podem ser criadas. E em tais atividades, atividades em que organizações e também indivíduos estão crucialmente envolvidos, a confiança se tornou essencial para a operação de sociedades complexas, na busca de cultura, no exercício do poder e na criação de mercado. A confiança, em sociedades modernas, tardo-modernas ou pós-modernas, tornou-se uma mercadoria.

Lynne Zucker, num fascinante estudo, examinou a produção de confiança no contexto do surgimento de uma nova ordem econômica e industrial nos Estados Unidos nos oitenta anos entre 1840 e 1920. Em argumentos que encontram eco nos de E. P. Thompson (1971), que discute o colapso da organização moral do mundo pré-industrial pelas forças do mercado capitalista, Zucker examina os fatores que minaram a confiança nos primórdios da praça de mercado americana e nas relações entre empregadores e empregados. Ela define confiança como um conjunto de expectativas partilhadas por todos os envolvidos numa troca. Tais expectativas, ela argumenta, fundamentam-se num compartilhamento de normas básicas de comportamento social e costume. E, como tais, elas são rompidas quando as normas sociais são solapadas ou impossíveis de sustentar. À medida que sociedades em geral ficam mais complexas e as formas tradicionais de produção de confiança — tais como os procedimentos combinados para a troca em sociedades tradicionais ou as definições locais ou regionais do que se considera um mercado social em sociedades pré-industriais — são pressionadas, a importância da produção institucionalizada de confiança cresce: "Se os mecanismos de produção de confiança tornam-se institucionalizados e, assim, mais formais, a confiança se torna um produto vendável, e o tamanho do mercado para confiança determina a quantidade de confiança produzida" (Zucker, 1986, p. 54). Seguindo justamente tal rompimento, a capacidade do mercado americano de reviver, simplesmente sua capacidade de funcionar, dependiam de sua habilidade em produzir confiança. Zucker investiga os processos lógicos e institucionais que protegeram o mercado para o capital.

Gostaria, aqui, de seguir brevemente o argumento de Zucker, por várias razões. A primeira é iluminar as reações institucionais à crise de confiança do século XIX nas condições básicas que alicerçavam uma praça de mercado eficiente; condições que, conforme se percebe, estão sendo reanimadas, embora talvez não tão dramaticamente, no novo mercado global e eletrônico do século XXI. A segunda é desenvolver um contexto para a discussão do papel da mídia em tal processo, não esquecendo que ela está envolvida de duas maneiras: como instituições que transmitem confiança para as sociedades em que ela é recebida e, ao mesmo tempo, como processos que precisam, eles mesmos, ser objeto de confiança. A terceira e conseqüente razão é mostrar que a produção de confiança, em todos os seus aspectos, não pode se divorciar da mídia e, vice-versa, que todo estudo da mídia deve, em um ou outro momento, encarar seu papel na criação de tal confiança.

Zucker distingue entre, de um lado, expectativas básicas de confiança, que já discuti no contexto da segurança ontológica e que requerem um universo comum dado-por-certo e a reciprocidade de perspectivas, e, de outro, expectativas de confiança constitutivas, as regras que definem uma situação específica em que a ação legítima é definida com mais ou menos precisão, mas segundo conjuntos acordados de expectativas, que amiúde são bem formalizadas e que se espera que todos os participantes conheçam e compreendam.

A autora analisa, então, três modos de produção de confiança: confiança baseada no processo, dependente de continuidades de cultura e compreensão, tais como a reputação e a troca de presentes; confiança baseada na característica, vinculada ao caráter particular e à identidade de pessoas, como família ou etnicidade; e confiança institucionalmente baseada, que, como o nome sugere, implica instituições, profissões ou intermediários que criam as condições para a produção e a garantia de confiança. Enquanto os dois primeiros modos de produção de confiança, o processo e a característica, não geram um mercado na confiança, o terceiro sim. As instituições que surgiram no capitalismo para criar e proteger o mercado e para estabelecer as condições para seu funcionamento eficaz também criaram um mercado com a confiança: a confiança se tornou então, e continua a ser, uma mercadoria.

As profundas mudanças sociais que acompanharam a industrialização da sociedade americana no século XIX, e especialmente a proporção entre imigração e migração interna, criaram uma série de condições nas quais formas tradicionais de confiança, aquelas baseadas na cultura compartilhada e na memória, como também as fundamentadas na autoridade da pessoa ou do grupo primário, desintegraram — o que fez a economia cambalear. A força de trabalho era heterogênea, o que abalou a confiança entre operários e empregadores. A confiança baseada no processo e a baseada na característica limitavam-se a grupos homogêneos, entre minorias étnicas ou geograficamente baseadas. Não desapareceram; e, claro, essas bases para confiança sobrevivem tanto em contextos econômicos como certamente em contextos sociais. Mas se mostraram incapazes de sustentar a economia cada vez mais complexa e diversificada. Ela não poderia sobreviver sem fontes alternativas de confiança.

O argumento de Zucker é que a confiança só poderia ser produzida por um leque de novas instituições cuja tarefa fosse criar condições para transações eficazes que atravessassem fronteiras grupais e distâncias geográficas e possibilitar a conclusão bem-sucedida de um crescente número de transações inter-relacionadas, inseparáveis. As instituições que surgiram, a expansão de organizações burocráticas racionais, o crendenciamento profissional, a economia de serviço, incluindo intermediários financeiros e governo, regulação e legislação, talvez sobretudo a ascensão do seguro, alicerçaram o mercado ao criar a confiança que permitiu a segura realização de transações.

Confiança é como informação. Não é exaurida pelo uso; quanto mais há, mais é provável que haja. De fato, ela se esgota ao não ser usada (Gambetta, 1988, p. 234). A mídia no mundo moderno transmite ambas. Mas, em tempos de mudança, sua capacidade de fazer isso com eficiência é abalada. Quando a mídia muda, as certezas familiares de nossa relação com ela não podem mais ser sustentadas. E quando a mídia muda e alegar ter novos tipos de interação e de sociabilidade, as formas familiares de nossa relação uns com os outros, e também com outras instituições, não podem mais ser garantidas.

A nova mídia nos convida a confiar nela. Convida-nos a acreditar na autenticidade e na autoridade da imagem e do texto eletrônicos. Convida-nos a acreditar em sua veracidade, em sua honestidade, em sua segurança. Convida-nos a acreditar nela com nosso dinheiro e nossas identidades. Convida-nos a acreditar no que vemos e ouvimos e a aceitar o que ela nos diz, como receptores mais ou menos passivos de sua comunicação ou como usuários ativos dela no encalço de nossas próprias agendas.

A expectativa de que devemos nos engajar no comércio eletrônico da Internet exige de nós uma dupla desvinculação: do face-a-face e das formas familiares e corriqueiras da mediação. Como posso confiar no outro com esses distúrbios e deslocamentos? Como minha participação contínua e bem-disposta nos complexos negócios da sociedade, especialmente em sua vida econômica e política, pode ser mantida? Diante de tal incerteza, como deter meu instintivo desejo de me retirar, de privatizar meu comportamento, de voltar ao grupo primário, de pôr meu dinheiro debaixo do colchão, minha segurança nas mãos de um guarda-noturno e minha cidadania num armário?

A mercadorização da confiança. Nós a vemos o tempo todo. Nós a vemos no empacotamento de presidentes e primeiros-ministros e na tecedura de redes políticas. Se você não confia no mensageiro, no sistema de entrega, então confie ao menos no símbolo. O clássico estudo de

Joe McGinniss sobre a campanha presidencial de Nixon chamava-se *The Selling of a President* (1970) (A venda de um presidente), um reconhecimento do trabalho necessário e paciente de construí-lo como uma figura confiável, a despeito de sua barba por fazer. Os apelos políticos dependem agora da alegada fidedignidade dos principais participantes, alegação que desaloja a confiança tradicional em favor da confiança baseada nas características. Chamamos isso de "presidencialismo", e muitas vezes a culpa é posta na mídia e em seu papel de sedutora do, e de seduzida no, processo político. Isso assinala, ironicamente, a real falta de confiança no sistema abstrato, político. Talvez, por outro lado, assinale uma necessidade contínua e persistente de confiar na pessoa. No entanto, é de admirar que ainda pareça funcionar.

O mesmo tipo de regressão na praça do mercado talvez parecesse sinalizar desastre. Mas isso também está acontecendo. Aí também a confiança institucionalmente baseada está sendo substituída por aquela baseada em características, como se realmente vivêssemos numa aldeia global, num mercado global. Os elementos básicos da confiança no comércio — lembrando que se pode usar o termo "comércio" para descrever tanto interação social como econômica (reciprocidade e consistência) — estão sendo reembalados. Siga a marca. A confiança está sendo sinalizada e exigida no logotipo e na marca registrada. É isso que está sendo comercializado. Nós o servimos bem, então confie em nós, mesmo nos novos ambientes de negociação. Na passagem do comércio *off-line* para o *on-line, a marca é o objeto transicional.* Ela é o foco de uma grande carga de atividade emocional e cognitiva. Ela nos oferece segurança num mundo turbulento. Ela nos permite consumir.

Gostaria de terminar essa discussão com várias perguntas. Nenhuma delas é fácil de responder, mas são todas fundamentais para uma compreensão da mídia na sociedade contemporânea e, em particular, para uma compreensão do papel da mídia em alicerçar e dar forma à experiência, em nos permitir compreender e administrar o mundo com que agora nos confrontamos. São questões que exigem de nós estudar a mídia.

É mais fácil desconfiar do que confiar. Enquanto nunca é difícil encontrar indício de não-confiabilidade, é praticamente impossível provar seu reverso positivo (Luhmann, 1979, citado em Gambetta, 1988, p. 233). Então, sob tais condições, como confiar que a mídia, tanto a velha como a nova, é veraz, honesta, segura? Como sabemos que a mídia confia em nós? Até que ponto precisamos da mídia como uma precondição de nossa capacidade de confiar uns nos outros? O que nos acontece e a nossa sociedade quando se percebe que essas relações de confiança estão se deteriorando? Podemos contar com a mídia, como cada vez mais parece que temos de contar, para reparar a perda da confiança institucional gerada pela mídia e por meio dela? Que instituições são agora necessárias para garantir que relações sociais, políticas e econômicas confiáveis sejam geradas e protegidas em nosso novo ambiente eletrônico?

Retornarei a essas questões no último capítulo.

14

Memória

Parece que estamos vivendo cada vez mais sem história. O passado, como o presente, é fraturado por divisão e indiferença. O mundo tardo-moderno se reinventa à noite pelo drama de costume e pela falsa memória. As tradições chegam atrasadas e lânguidas. A recordação é um beco sem saída. Perdemos a arte da memória. Contudo, somos o que lembramos, como nações e como indivíduos; e a memória é o lugar, agora, de lutas por identidade e pela posse de um passado. E são lutas amargas em torno de memoriais, monumentos e museus. Lutas amargas para que não se esqueça o passado; para o passado ser reivindicado para o presente e o presente ser reivindicado para o futuro. Mas que passado, e de quem?

Com o declínio da cultura oral, não mais precisamos, nós mesmos, lembrar coletivamente. Temos registros e textos para isso — *aides-mémoire, médias de memoire* — que desalojam a memória das operações internas da mente. A memória oral era tanto uma técnica como um recurso. Uma a fixava para persuasão e controle; o outro permitia que ela crescesse através de gerações, sustentada pelo ritual público e por contos privados. Histórias, não fragmentos. Crenças, não fantasias. Referências, não representações.

Com a ascensão da escrita e da ciência, a memória coletiva e a pessoal se tornaram um objeto: para ser fixado e investigado, desafiado e analisado. A história e psicanálise são, ambas, ciências do passado, embora estejam quase sempre em desavença. A memória tornou-se, em ambas, uma espécie de brinquedo. Plástico e argila. De fato, presume-se que a história apaga a memória, que a torna redundante pelas certezas de narrativas fixas, pelas fontes documentárias e pela tirania dos fatos. Abstração em vez de reminiscência. E presume-se que a psicanálise investiga a memória, inquire seu poder e sua perturbação. Memória é energia, que tanto cria como destrói a individualidade, o *self*.

Por conseguinte, tanto para a história como para a psicanálise, a memória é, na melhor das hipóteses, um recurso; e nem a história, nem a psicanálise oferecem certezas. A autoridade de ambas está sujeita a desafio. Com efeito, a autoridade de cada uma é desafiada pela autoridade da outra. A história desafia a psicanálise na questão da síndrome da falsa memória, e a psicanálise desafia a história como um conto singular, literal. A memória, por conseqüência, recupera sua importância; e sua relação com a história e também, aliás, sua relação com a mente são instáveis e variáveis. A memória, como argumenta Raphael Samuel,

> longe de ser meramente um receptáculo passivo ou um sistema de armazenamento, um banco de imagens do passado, é, antes, uma força ativa, formadora; que é dinâmica

> — o que ela consegue sintomaticamente esquecer é tão importante quanto o que ela lembra — e que tem uma relação dialética com o pensamento histórico, em vez de ser algum tipo de contraparte negativa dele. O que Aristóteles chamou de anamnese, o ato consciente da recordação, era um trabalho intelectual muito semelhante ao do historiador: uma questão de citação, imitação, empréstimo e assimilação. Segundo sua própria maneira, ela era uma maneira de construir conhecimento (Samuel, 1994, p. x).

A memória, para Samuel, é o que se faz no recordar, com ou sem serenidade, pelo testemunho oral e pelo discurso compartilhável. É onde os fios privados do passado se entrelaçam no tecido público, oferecendo uma visão alternativa, uma realidade alternativa às versões oficiais da academia e do arquivo. Essas memórias inauguram outros textos, não menos históricos do que os primeiros, mas, não obstante, outros. Eles emergem do popular e do pessoal e são o produto de nossos próprios tempos. Na fluidez de tais memórias, o passado surge como uma realidade complexa, e não singular; e, como outros já disseram, a pluralidade da memória é, ela mesma, prova da pluralidade da realidade e não, em algum sentido, um engano. As lembranças variam no recordar e no contar. Lembranças são postas em dúvida e contestadas, embora em algum lugar sempre haja uma alegação de que há realidade fora da memória para agir como juiz e júri. Mas sabemos (não sabemos?) que fatos históricos só têm importância na medida em que têm importância, e essa importância é uma questão de valor, não de verdade (embora a verdade, claro, seja um valor).

Não podemos ignorar a memória, embora já não saibamos muito o que fazer com ela. A memória, como muitas coisas, é agora um problema, não uma solução. E, na conjunção do privado e do público, ela não é apenas pessoal. De fato, ela é, incondicionalmente, política.

Esse é meu tópico neste capítulo. Nele quero apontar a importância fundamental da memória para a experiência, tanto para a experiência do indivíduo como para a de culturas. Quero argumentar que a memória é o que temos, no âmbito privado e no público, para nos fixar no espaço e especialmente no tempo. E quero argumentar que nossa mídia, tanto intencionalmente como à revelia, é instrumento para a articulação da memória. Memória que é pública, popular, difusa, plausível e, portanto, irresistível e também, de tempos em tempos, compulsiva. Quais são as implicações da relação brincalhona da mídia contemporânea com o passado? Como contadora de histórias, como arquivo, e como fornecedora do *souvenir*? E como devemos compreender o papel da mídia em definir os termos, assim como o conteúdo, de tal memória e de tais lembranças?

Meu próprio passado, não menos do que o da nação, se funde com as imagens e os sons de um passado mediado. Minha nostalgia por outra época, minha própria época, é construída por lembranças de programas e anúncios vistos ou ouvidos na infância. Esses são, em parte, as matérias-primas para compartilhar esse passado com os outros. Uma afirmação mútua de identidades de classe e cultura. E posso recordar as imagens na mídia de grandes eventos, assassinatos, coroações, corridas de uma milha em quatro minutos, assim como a própria mídia agora tem seu próprio passado para recordar.

Mas, acima de tudo, na ausência de outras fontes, a mídia tem o poder de definir o passado: de apresentar e representá-lo. Ela se arroga autoridade histórica no drama e no documentário: versões do realismo que não têm nenhum referente além daquele de outros contos e outras imagens. A mobilização de testemunhas; a reconstrução de situações e encontros; a revelação da prova: a retórica da verdade. Aqui, como alhures, é essa a pretensão. Lembrar. Definir o passado. Foi assim. Imaginem.

As memórias clássica, renascentista e romântica dependiam de imagens. Imagens para representar sua estrutura e imagens para representar seu conteúdo. Antigos retóricos e magos construíram modelos mentais da arquitetura de espaços públicos, teatros e do céu, como estruturas dentro das quais a memória era construída e aspectos prodigiosos de memória aplicada eram possibilitados por meio delas. Simônides, Tomás de Aquino e Giordano Bruno construíram a elaborada mnemônica ("mnemotécnicas", como descritas por Frances Yates, 1964, 1966) para fixar o passado e o que, sem isso, é irrecuperável na mente. Com efeito, como documenta com brilhantismo Frances Yates, a arte da memória se tornou uma arte da magia nas mãos dos mestres místicos da Renascença; isso representa talvez um antigo exemplo da potente combinação de imagem, tecnologia, metáfora e crença que, nessa época e agora, alicerça a capacidade de construir a memória pública e representá-la. Esse era o poder deles de impor atenção; esse era seu poder de definir o passado e, por meio do passado, reivindicar o futuro.

Mas, no mundo medieval inteiro, imagens do passado estavam em toda a parte. O mundo devia ser lido em sua visibilidade. Os significados inscritos em janelas de vitrais e nas geografias sagradas dos santuários estavam à disposição de todos. A retórica dessas imagens invocavam simbolismos familiares de cultura e crença, e ao mesmo tempo era aberta o suficiente para atrair os pensamentos privados do crente, para incitar, talvez, uma interseção de memórias pública e privada. E assim continua.

A memória é eficaz. Os textos que a afirmam para nós no espaço público, sejam imagens isoladas, filmes ou memoriais, são importantes porque, por meio deles, se constrói uma realidade que, sem isso, seria inacessível. É essa realidade que impõe atenção, demanda crença e principia a ação. Neste sentido, "vida" e "vida na escrita" — nas palavras de James E. Young — estão necessária e fundamentalmente inter-relacionadas. Escrevendo sobre o Holocausto, Young rejeita a separação de história e narração, como também a inocência do evento não-mediado. "A literatura relembra destruições passadas mesmo quando molda nossas respostas práticas à crise atual" (Young, 1990, p. 4). E não só a literatura, e não só os produtos culturais da elite, é claro.

É desses debates que emergem meu argumento sobre a importância central da mídia para a construção da memória contemporânea. Não há uma divisão inequívoca entre a representação histórica do passado e a popular. Elas se fundem, como também rivalizam, no espaço público. E, juntas, definem para nós tanto os textos como os contextos: para a identidade, a comunidade e, na base dessas duas, para a crença e a ação, que talvez sejam os fatores mais importantes. Estudar a relação da mídia com a memória não é negar a autoridade do evento que é o foco da recordação, mas insistir na capacidade da mídia de construir um passado público, assim como um passado para o público. A textura da memória se entrelaça com a textura da experiência. Memória é trabalho: nunca é formada no vácuo, tampouco seus motivos são puros (Young, 1993, p. 2). Memória é luta. Portanto, é sensato lutar pela memória.

Consideremos o Holocausto.

Mas como começar? Talvez reconhecendo que neste tempo, neste tempo da escrita, o tempo em que os que sobreviveram já não sobrevivem, em que a possibilidade de testemunho está desaparecendo nas areias do tempo, essa tragédia humana tem finalmente de ser fixada no tempo. É este o tempo em que se torna possível para uma nova geração, os filhos e as filhas, reclamar a posse do que agora só pode ser a dor referida da história; um tempo em que o mundo ocidental está obcecado com o que ele não pode mais conhecer, mas que de algum modo, e com razão, não deseja esquecer; um tempo para memorial e monumento; um tempo em que parece que chegou a hora para lançar os sons e as pedras da memória, fixando o passado, fixando-o para todos verem, fixando-o para sempre.

Mas como se lembrar de feridas tão terríveis? Durante anos houve silêncio. Tudo não dito. As fissuras da história completamente ocultadas. Contudo agora nos vemos recordando: arrancando a memória de testemunhas e dos registros. Os historiadores e a mídia, ambos. Escrevendo e reescrevendo, e escrevendo de novo. Os sobreviventes e os filhos dos sobreviventes, pois só sobreviventes podem ver. Para recordar, registrar e tentar compreender.

Parecemos agora obrigados a preencher o recente vazio com visões e lugares, sons, palavras e imagens. A ignorar a proscrição de Adorno contra a poesia. A ignorar a proibição da imagem esculpida. A transformar o negativo em positivo. A acreditar que o tempo não pode erodir o significado da memória. Claro, a mídia não pode ficar em silêncio. E, quanto a nós, não podemos esquecer. Mas o que devemos recordar, e quem tem os direitos de narração e inscrição?

Na cidade de Kassel, existe um monumento ao Holocausto que não pode mais ser visto. Está embaixo da terra. O monumento, projetado por Horst Hoheisel, foi construído para substituir uma fonte fundada por um empresário judeu e construída na cidade em 1908. Foi destruída pelos nazistas como uma "fonte judia" em 1939, dois anos antes de o primeiro comboio com os judeus da cidade deixar a estação ferroviária para Riga e daí para outros lugares. Hoheisel projetou um monumento negativo. Onde antes havia uma fonte, há agora um poço; e o que antes era uma pirâmide que se erguia doze metros no ar, está agora enterrado sob a praça. "A fonte submersa absolutamente não é o memorial... é apenas a história transformada num pedestal, um convite aos transeuntes que se encontram sobre ele para que procurem o memorial em suas próprias cabeças. Pois somente aí o memorial será encontrado" (Hoheisel, citado em Young, 1993, p. 46). São os que visitam e ficam no espaço vazio que se tornam, intencionalmente ou à revelia, o monumento e o memorial. James E. Young, a quem devo essa elucidação, resume o que ele considera ser a importância disso:

> O contramonumento... força o memorial a dispersar — não a reunir — a lembrança, mesmo quando reúne os efeitos literais do tempo num lugar. Ao se dissipar no tempo, o contramonumento imitaria a própria dispersão do tempo, assemelhando-se mais ao tempo do que à memória. Ele nos lembraria que a própria noção de tempo linear assume a lembrança de um momento passado: o tempo como a distância perpetuamente medida entre este momento e o próximo, entre este instante e um passado relembrado. Neste sentido, o contramonumento nos pede que reconheçamos que tempo e memória são interdependentes, estão em fluxo dialético (Young, 1993, p. 46-7).

Nossa mídia, na maior parte, rejeita essa opção, essa possibilidade, essa reticência. E ao fazê-lo ela, antes de mais nada, liga a memória a um tempo particular. Diz-se que, uma vez monumentalmente encapsulada em memoriais ou museus, a vida da memória desaparece; que os monumentos, não importa em que forma, podem ser vistos como substitutos da memória, como deslocamentos ou negações. E isso também deve se aplicar às representações do passado feitas por nossa mídia. Ou pelo menos precisamos ter isso em mente.

Desse modo, quando investigamos o que agora é produzido como um apelo ao passado, à memória e, em particular, à recordação do Holocausto na cultura popular e na mídia contemporânea, não podemos esquecer que o que agora criamos como memória está também situado histórica e socialmente. Nossas descrições emergem de nossas preocupações, as preocupações do aqui e agora. Eles não podem se divorciar das condições de sua produção: como momentos de mediação nos espaços complexos e mercadorizados da cultura popular e da vida cotidiana.

O filme de Steven Spielberg, *A lista de Schindler* (1993), tem portanto de ser visto através dos diversos véus que o separam de seu objeto. O tempo, antes de tudo. Mas depois também uma narrativa primária no livro de Thomas Kinneally, um livro que já começa a destilar na vida de um único homem e de cerca de mil sobreviventes um horror em grande escala e inimaginável. O Holocausto implicou uma destruição em massa, e não só de judeus. Tanto Kinneally como Spielberg contam um conto de sobrevivência particular. E, é claro, por meio do particular, mas também, porque isso agora é filme, por meio do geral. A seqüência final do filme em que os sobreviventes do evento, assim como os atores que os representaram no filme, aparecem numa colina verdejante como se, para todo o mundo, eles fossem extras no *The Sound of Music*, leva o espectador a uma narrativa de esperança, de sentimento e imortalidade. Ela afasta esse conto do horror de suas imagens do desconhecido e, de fato, desconhecível e o aproxima do conforto do familiar.

Isso é Hollywood em atividade. Hollywood "testemunhando". Spielberg "dizendo a verdade" (expressões de David Ansen, "Spielberg's Obsession", *Newsweek*, 20 de dezembro, 1993, pp. 114, 112, citadas em Zelizer, 1997). E o que Hollywood faz com a memória é contê-la. Ele arranca seu aguilhão. Em relação a esse filme e ao posterior de Spielberg, *O resgate do soldado Ryan* (1998), muita coisa se escreveu sobre a honestidade e a veracidade das imagens. A destruição do gueto de Cracóvia, a seqüência nas câmaras de gás, os desembarques nas praias da Normandia sustentam uma veracidade chocante. É tudo tão exato, tão real quanto possível. Os sobreviventes o atestaram. E, claro, eles têm suas próprias lembranças. Para o restante de nós, hipnotizados pelas cenas de horror, o que nos lembramos é do filme. Ofereceram-nos, e bem podemos aceitar, lembranças encobridoras, lembranças na tela: o subjuntivo, mas também o definitivo. Não temos outro lugar para ir no tempo. O Holocausto se torna o filme. O filme se torna o Holocausto.

Há muitos tópicos aqui, sem dúvida. Tópicos demais para essas páginas. A estratégia representacional de Spielberg está no drama, na narrativa e no poder da imagem reconstruída. Não vale para ele a poeira do testemunho, da testemunha lutando com seu próprio relato. Há poder em ambas as estratégias, é claro. Enquanto a primeira deixa pouco para a imaginação, a última exige atenção à palavra. E a palavra oferece, não força, uma imagem. O documentário de Claude Lanzmann, *Shoah* (1985), de nove horas, é bem conhecido por tomar a segunda rota. A representação direta para ele é uma heresia. O Holocausto "é acima de tudo único, pois erige um anel de fogo a seu redor... A ficção é uma transgressão. Creio profundamente que há coisas que não podem, nem devem ser representadas" (Lanzmann, 1994, citado em Hartmann, 1997, p. 63).

Ao representar nada mais que palavras, *Shoah* evita os possíveis perigos dos efeitos dessensibilizantes das imagens diretas de violência. Lanzmann tomou a rota sugerida pela escultura de Hoheisel, e *Shoah*, do mesmo modo, é um contramonumento ao Holocausto. Spielberg também iniciou um grande projeto de gravações em vídeo de testemunhos privados. Há mais poder, mais honestidade, no relato da testemunha ou no do contador de história? No fato ou na ficção? Há muitos paradoxos aqui para desenredar.

De qualquer maneira, o que temos de encarar é a mediação da memória: fragmentos do passado traduzidos pelo tempo e, como na tela do cinema, projetados no futuro. As memórias da mídia são memórias mediadas. A tecnologia tanto conectou como interveio. Foram-nos oferecidos suplementos para a experiência: *vitaminas de tempo.*

Geoffrey Hartmann, numa brilhante discussão sobre alguns desses temas, especificamente em relação à representação fílmica do Holocausto, apresenta uma idéia mais ampla, que me permite voltar do específico para o geral e da textura da memória para a textura da experiência. Ele fala da vida dupla da imagem mimética, de seu conforto mas também de sua perturbação:

> Numa sociedade do espetáculo, imagens fortes são o que se diz que a propriedade e a terra são: uma necessidade da alma. Se a incidência de memória recobrada parece ter crescido dramaticamente nos últimos anos, pode ser que as imagens de violência retransmitidas toda hora pela mídia, como também a publicidade do Holocausto que provoca

> apropriações metafóricas (Sylvia Plath é um caso famoso), popularizaram a idéia de um trauma determinante. É compreensível que muitos possam sentir uma pressão para encontrar dentro de si mesmos, e para exibição pública, uma experiência igualmente decisiva e vinculadora, uma marca de identidade sublime ou terrível (Hartmann, 1997, pp. 72-73).

Voltamos à conjunção de história e psicanálise, do político e do pessoal, e do jogo da mediação. Também voltamos à esfera da performance. Hartmann está insinuando que a preocupação de nossa mídia com o passado, e com o passado como trauma, está em seu auge. As imagens uma vez enterradas e agora dramaticamente exibidas são parte da moeda da vida cotidiana. Todos nós temos, ou parecemos precisar de, nosso próprio holocausto para reivindicar, e para justificar a dor presente. De fato, essas imagens, e o processo de sua construção, no testemunhar, estão aí para nós como modelos e metáforas. Para torná-las nossas. Isso é muito inesperado. Todavia é compreensível. Pois a exibição da memória é também um convite: para comparar, adotar, apropriar-se. As experiências dos outros se harmonizam umas com as outras e com nossas próprias nas continuidades de sua mediação e sua reprodução; e as linhas entre o público e o privado, o *self* e o outro, o presente e o passado, a verdade e a falsidade não são, por conseqüência, nem singulares nem claras.

Essas memórias midiáticas estão aí para apanharmos e lutarmos por elas. Toda memória é parcial. E, na retórica da mídia, o que se está oferecendo é uma visão do passado que inclui, mas também exclui. É por isso que as batalhas pela memória são travadas com tanta veemência; porque outros reivindicam passados diferentes e recusam os limites de uma interpretação de eventos. A história é a bigorna sobre a qual se forjam identidades; a memória é a sede de tantas reivindicações e contra-reivindicações: pela condição de nação, pela condição de pessoa. E é a história popular, a memória popular que está cada vez mais em jogo: o conhecimento não-oficial do qual a mídia é senhora.

A mídia nos oferece suas versões do passado, que são, claro, versões de nossos passados tornados visíveis. Nem todas essas imagens têm o poder, a ressonância ou, de fato, o desconforto do Holocausto. As adaptações televisivas dos romances de Jane Austen ou as representações dramáticas da vida dos empregados domésticos, como também relatos documentários da vida secreta de figuras famosas, oferecem um contínuo regime de tempos passados como passatempos. Eles possibilitam mas também restringem a imaginação. Dão dignidade e também a tiram fora. Como argumenta Raphael Samuel (1994, p. 235), numa eloqüente defesa da indústria da herança, a BBC teve um papel crucial a desempenhar na sensibilização de uma nação em relação a seu passado, em particular o passado popular, o passado do povo.

Comecei este capítulo com uma referência à percepção comum de nossa era pós-moderna: que é ela sem história. Talvez isso não esteja completamente certo. Mais do que uma ausência de história, pode-se dizer que há muito dela agora. As narrativas grandiosas não se perderam, apenas foram reconstruídas. E estão sendo reconstruídas diariamente nas telas de nossa mídia. Todas as nossas narrativas são grandiosas. Todas demandam atenção. Todas estão sujeitas a interrogação e análise constantes.

Certa vez Theodor Adorno (1954), citando Leo Lowenthal, descreveu a televisão como psicanálise ao inverso, sugerindo, ou assim me parece, a capacidade do *medium* de construir, em vez de desconstruir, as camadas do inconsciente e reproduzir sedutoramente em seus programas o mascaramento e o espelhamento da mente. Meu argumento defende a idéia de que a mídia — sobretudo cinema, televisão e rádio — poderia ser descrita igualmente bem (ou mal) como história ao inverso. Ela produz os textos para a imaginação popular, igualmente provida de camadas e igualmente sugestiva. A memória é o que une as duas. A memória como o produto da mídia, e não apenas como sua precondição. A memória como uma reivindicação para nos identificarmos com um passado comum, como também com um passado singular. Minha própria tese, claro, é que não há nenhuma separação a ser mantida entre memória mediada e não-mediada. E, conseqüentemente, se vamos tentar compreender as maneiras pelas quais biografia e história se entrelaçam, temos de levar em conta essa interpenetração. Temos, necessariamente, de estudar a retórica pública da memória feita pela mídia.

15 O Outro

[O] Outro não é de modo algum um outro eu, participando comigo numa existência comum. A relação com o Outro não é uma relação idílica e harmoniosa de comunhão ou uma simpatia pela qual nos colocamos no lugar do Outro; reconhecemos o Outro como parecido conosco, mas como exterior a nós; a relação com o Outro é uma relação com um Mistério.

Emmanuel Levinas, *Time and the Other*

Este capítulo é sobre outros, alteridade, o Outro. Com O maiúsculo. O "O" tem significado. Ele se refere ao reconhecimento de que há algo aí fora que não sou eu, que não é de minha produção, não está sob meu controle; distinto, diferente, além do alcance, mas ocupando o mesmo espaço, a mesma paisagem social. O Outro inclui outros: pessoas que conheço ou das quais nunca ouvi falar; meus amigos e também meus inimigos. Inclui meus vizinhos e também aqueles que vi apenas em fotografias e telas. Inclui aqueles no passado e aqueles no futuro. Na minha sociedade e na sua. Mas, visto que eu e o Outro compartilhamos um mundo, que eu serei seu Outro tanto quanto você será o meu, mesmo que eu não o conheça, então tenho uma relação com você. Essa relação é um desafio. Por meio dela, sou forçado a reconhecer que não estou sozinho, que, de uma maneira ou de outra, tenho de levar o Outro em conta.

Ao fazê-lo, o que sou e o que estou fazendo? A curta resposta é que me torno um ser moral e que, em princípio pelo menos, ajo ou posso agir eticamente. Ao ter de levar o Outro em conta eu sou, como diz Collin Davis, "confrontado com escolhas reais entre responsabilidade e obrigação em relação ao Outro, ou com ódio e violento repúdio. O Outro me investe de genuína liberdade e será beneficiário ou vítima da maneira como decido exercê-la" (Davis, 1996, pp. 48-49). Sem o Outro, estou perdido.

A experiência, portanto, contém em si outras pessoas. E a vida entre elas é, por definição, uma vida moral, mesmo em sua ocasional ou crônica imoralidade. Neste capítulo pretendo considerar essa dimensão social da experiência, a base fundamental da vida social, e investigar a relação da mídia com ela. Tal investigação não será particularmente fácil, sobretudo pelo desconforto que há, nestes dias, em seguir um discurso moral. Nesta época relativista, o moral é, ele mesmo, percebido como outro — inaceitável e perigoso. Os sociólogos, como argumentou Zygmunt Baumann (1989), se afastaram de tais discussões, encontrando no social as origens da moral, mas sem fazer, muito menos sem se precipitar em fazer, um julgamento. Se as sociedades são a fonte da vida moral, então cada sociedade terá sua própria moral, e quem somos nós para julgar os códigos éticos de nossos vizinhos? Esse relativismo, ainda que o consideremos inescapável, ainda que defendamos sua necessidade (pois sabemos que absolutismo em questões morais levará à tirania), é, contudo, perturbador. Há momentos suficientes na história e no presente em que tanto os indivíduos como a sociedade são forçados a encarar o que se julga ser a imoralidade dos outros, como também a nossa própria: mas como fazer esses julgamentos e como fazê-los consistentemente?

Tudo o que fazemos, tudo o que somos, como sujeitos e atores no mundo social, dependem de nossa relação com os outros: de como os vemos, os conhecemos, nos relacionamos com eles, nos importamos com eles ou os ignoramos. Vê-los é crucial. Há muito, os antropólogos notaram como o estudo de outras sociedades e culturas ilumina as nossas próprias, assim como lutaram com os problemas de representar o Outro em textos e relatos que, de algum modo, devem passar pelo crivo da tradução de uma cultura para outra. Como represento o Outro no que escrevo ou filmo sem, de um lado, torná-lo exótico? Como represento o Outro no que escrevo ou filmo sem, de outro lado, absorvê-lo no próprio senso que tenho de mim mesmo?

O Outro, no entanto, pode agir como um espelho; e, no reconhecimento da diferença, construímos nossa própria identidade, nosso próprio senso de nós mesmos, no mundo. Se compreendemos essas diferenças, ou mesmo se meramente as vemos, então temos de levar o Outro em conta. Não podemos nem pressupor que o mundo é simplesmente como o conhecemos, meramente uma projeção de nossa experiência, nem apagá-lo, fingindo que não existe. Temos de reconhecer que há coisas que não compreendemos inteiramente, nem podemos compreender. Que o mundo é misterioso, enigmático.

Emmanuel Levinas, um dos mais difíceis filósofos do século XX, que já citei no começo deste capítulo, constrói um argumento e uma visão do mundo com a moral em seu centro. Mas, nisto, ele não oferece uma versão específica da vida moral; não oferece um código, um *código* ético. Sua filosofia reside na moral, no ético, como uma precondição da vida social, não como sua conseqüência. O argumento salienta que o fato existencial fundamental é eu ser com os outros. E, ao ser com os outros, tenho de assumir responsabilidade pelos outros. Tenho de assumir tal responsabilidade sem esperar que os outros assumam responsabilidade por mim. Responsabilidade sem reciprocidade. É um pensamento aterrador. Mas Levinas o propõe como a estrutura primária da subjetividade. A moral é assimétrica. Aqui ele está de acordo com Dostoievski, que escreve em *Os irmãos Karamazov*: "Somos todos responsáveis por tudo e por todos os homens antes de tudo, e eu mais do que todos os outros"; e de acordo também com o Deuteronômio (24,17-22), em sua insistência no cuidado com o estrangeiro, o órfão e a viúva.

A responsabilidade, por seu turno, requer um dever de cuidado, e só posso cuidar dos que estão próximos de mim. A responsabilidade requer proximidade, embora não necessariamente proximidade física. Correlativamente, distância implica perigo. E a sociedade não é vista mais como a garantia necessária da ordem moral, mas como um recurso para a sociedade explorar ou expulsá-la. Nas palavras de Baumann:

> A moral não é um produto da sociedade. A moral é algo que a sociedade manipula — explora, redireciona, espreme. Inversamente, o comportamento imoral, uma conduta que abandona ou se abdica da responsabilidade pelo outro, não é um efeito do mau funcionamento social. É, portanto, a incidência do comportamento imoral, em vez do moral, que pede a investigação da administração social da subjetividade (Baumann, 1989, p. 183).

Escolhi começar minha discussão da alteridade com Levinas e com os comentadores Colin Davis e Zygmunt Baumann porque acredito que ela fornece uma abordagem elegante e, em muitos aspectos, convincente da moral baseada, como é, numa investigação do *status* do Outro. Nisso, ela é provocativa. Nisso ela é, ela própria, moral.

Mas o trabalho dele é relevante por outra razão, sugerida por Anthony Giddens (1991) em sua consideração da distintividade do que ele chama modernidade tardia em comparação com o pré-moderno e o moderno. "Tomados em conjunto", ele escreve (Giddens, 1991, p. 27), "os diversos modos da cultura e da consciência característicos dos 'sistemas do mundo' pré-moderno formavam uma série genuinamente fragmentada de comunidades sociais. Em contrapartida, a modernidade tardia produz uma situação em que a humanidade se torna, em alguns aspectos, um 'nós', enfrentando problemas e oportunidades onde não há 'outros'". A globalização cria um único mundo; a unificação anda de mãos dadas com a fragmentação. Mas o que acontece conosco quando "não há 'outros'"? O que acontece conosco quando não vemos os outros porque eles parecem iguais a nós ou tão distantes de nós que não têm nenhum *status*, nenhum significado para nós?

Há dois problemas aqui. Ambos envolvem, como argumentarei, a mídia. Ambos exigem — e esta é, claro, minha tese — que levemos a mídia em conta ao tratar deles. O primeiro tem a ver com distância. O segundo, com subjetividade.

Começarei com a distância. Baumann é inequívoco. Sua análise do Holocausto, e sua explicação de sua possibilidade, baseiam-se na compreensão que ele tem da capacidade da sociedade alemã de expulsar seus judeus de sua imaginação, antes de expulsá-los da vida. Essencial a esse projeto foi a criação de processos institucionais e tecnológicos, o produto da mente racional e eficiente, que lidaram com os judeus como um problema, para o qual a exterminação era a solução. A sociedade reprimiu a moral pela criação da distância. Os judeus não eram mais humanos. Eram *outros*, não o Outro no sentido de Levinas, mas o outro como além do cuidado e da responsabilidade. Os judeus tiveram de ser empurrados para além da alteridade. Aqui estavam em atividade a distância e o distanciamento.

Somos encorajados a acreditar que a nova mídia mudará tudo isso. Um livro sobre a revolução das novas comunicações se chama *The Death of Distance* (A morte da distância; Cairncross, 1997). Ele trata dos benefícios da nova escala da vida humana possibilitada pela digitalização e por redes eletrônicas. O livro relaciona trinta maneiras pelas quais nossas vidas serão transformadas, sobretudo economicamente, menos certamente politicamente, mas também socialmente. Ele vê na crescente intensidade da comunicação global uma compreensão e uma tolerância maiores dos seres humanos de outras partes do globo.

Mas a distância não pode ser apagada pela tecnologia. Uma chamada telefônica manterá as pessoas separadas no momento mesmo em que as conecta. A conexão não é o problema. Ela não garante proximidade. Ainda nos confrontamos com o problema da distância. As tecnologias da nova mídia não detêm a guerra ou o genocídio. Elas podem torná-los mais eficientes (a informação a serviço da destruição) e também invisíveis (a informação a serviço da dissimulação). Elas podem nos manter separados ao fornecer imagens que desativam o cuidado e a responsabilidade: imagens de conflitos sem banho de sangue, de bombardeamento sem dano, de batalhas sem exércitos, de guerra sem vítimas. Ações sem conseqüência. Nisso, Jean Baudrillard (1995) estava certo quando afirmou que a Guerra do Golfo não ocorreu. A televisão interveio. Ela não conectou. A tecnologia pode isolar e aniquilar o Outro. E sem o Outro estamos perdidos.

E a tecnologia pode aniquilar a distância de maneira contrária. Ela pode trazer o Outro para muito perto, perto demais para reconhecermos a diferença e a distintividade. As políticas externas são conduzidas na base de que o mundo é meramente uma projeção de nós mesmos. O entrelaçamento de imagens globais; a apropriação das culturas para nossas próprias agendas (com que freqüência agora o "primitivo" na forma de africanos dançando ou do pobre favelado são um artigo da publicidade global?); a expectativa de que o mundo, se tivesse a oportunidade, gostaria de se tornar exatamente como nós. É claro, os russos compreendem a democracia. E mesmo as imagens documentárias de outros mundos têm de se ajustar às nossas próprias preconcepções. O pobre deve parecer pobre; o faminto deve ter barriga inchada e moscas nos olhos. A familiaridade tecnologicamente induzida pode não produzir desprezo, mas é possível afirmar que produz indiferença. Se as coisas estão muito próximas, não as vemos. Nisto também, a tecnologia pode isolar e aniquilar o Outro. E sem o Outro estamos perdidos.

As representações da mídia, as comunicações que executamos que transcendem os limites do face-a-face, as que rompem a proximidade, têm conseqüência para a maneira como vemos e vivemos no mundo. Elas modelam e também animam a experiência. Elas exigem uma resposta ética mas, aparentemente, não nos fornecem muitos recursos para essa resposta ética. As tecnologias que possibilitam e sustentam as sociedades tardo-modernas em toda a sua complexidade e, sobretudo, as tecnologias de nossa mídia parecem ter mudado o universo ético, que ao menos tradicionalmente era contido no tempo e no espaço e nos permitia enfrentar as conseqüências da ação; confrontando o mundo enquanto ele nos confrontava.

Há uma visão aqui, por difícil que seja de articular e reconhecer, segundo a qual — contrariamente ao que amiúde se afirma: que no alcance global da mídia moderna confrontamos o mundo em sua Alteridade como nunca antes e que, nessa confrontação, se pode perceber e mostrar que cuidamos (a ascensão do movimento ambientalista é um exemplo característico) — a mídia é (num sentido estrutural) amoral. Amoral, não imoral. A distância que ela cria e mascara como proximidade, as conexões que estabelece enquanto nos mantém separados, sua vulnerabilidade à dissimulação (da falsificação de imagens documentárias ao disfarce de identidades na comunicação via Internet) reduzem a visibilidade, a vividez, do Outro.

Segue-se que o "como se" do mundo de nossa mídia é também, de várias maneiras, amoral. E isso apesar dos muitos programas poderosos, ou dos eventos midiáticos ou dos noticiários que abrem caminho através das sensibilidades defendidas da vida diária. Trata-se de uma conclusão chocante, ainda mais porque, como afirmei em todo este livro, a mídia é tão essencial à experiência. E essa amoralidade é expressa, talvez até reforçada, pela transitoriedade e pela substituibilidade essenciais da mídia e da representação midiática. Se não gostamos de uma coisa, podemos nos voltar para outra. Se não gostamos de uma coisa, ela, de qualquer modo, logo desaparecerá. Das telas, deslizando sobre a borda do mundo, como um omelete para fora da frigideira.

E esse deslizar também se manifesta, como resultado, na desvalorização e na desintegração do eu moral. Como Zygmunt Baumann (1993, p. 198) observa:

> O eu moral é a mais evidente e a mais proeminente das vítimas da tecnologia. O eu moral não pode sobreviver,

> nem sobrevive, à fragmentação. No mundo mapeado por carências e salpicado de obstáculos a sua rápida gratificação, sobra amplo espaço para o *homo ludens*, o *homo oeconomicus* e o *homo sentimentalis*; para o jogador, o empresário ou o hedonista — mas nenhum para o sujeito moral. No universo da tecnologia, o eu moral, com sua desatenção ao cálculo racional, seu desprezo pelos usos práticos e sua indiferença ao prazer, sente-se como, e é, um forasteiro importuno.

Essa visão do mundo se ajusta bem a muitas análises da condição da alta modernidade ou da pós-modernidade, sobretudo em sua ênfase na fragmentação. Baumann está falando sobre a fragmentação do sujeito. Anthony Giddens, em sua sugestiva análise do que ele chama o "seqüestro da experiência", também tem essa percepção ao identificar as maneiras pelas quais partes do mundo que outrora nos confrontavam — como dilemas ou horrores, mas como parte integrante da vida a ser levada — foram, em grau significativo, postas fora da experiência direta por instituições projetadas para reduzir os desafios do, e ao, cotidiano. Loucura, criminalidade, doença e morte, sexualidade e natureza, todas foram colocadas além da visão e do toque por instituições criadas para reduzir a certeza e a ansiedade (Giddens, 1991, pp. 144-80). No argumento de Giddens, a sociedade nos separou da vida, e uma das conseqüências involuntárias de tal desenvolvimento foi a repressão de "um feixe de componentes morais e existenciais básicos da vida humana que são, por assim dizer, espremidos para as laterais" (1991, p. 167). Giddens nota a importância da mídia para esse processo, sem desenvolver o argumento e sem identificar o caráter central da mídia tanto para o processo como para sua legitimação.

Pode-se perceber, então, que a fragmentação pode afetar tanto as instituições como os indivíduos. O sujeito moral não existe mais. Bem, talvez. A crítica fundamental de Levinas à filosofia ocidental, em particular a seu desenvolvimento na fenomenologia de Husserl e Heidegger, na qual sua própria obra se baseou, era que ela crucialmente ignorou o Outro. A seu ver, o que surgiu foi uma filosofia que construiu o sujeito como uma mônada, histórica e sociologicamente desconectada, perceptivamente onipotente na busca de uma compreensão do mundo apenas mediante a capacidade do indivíduo de apreendê-lo ou construí-lo. Outros elaboraram o mesmo argumento de uma perspectiva sociológica ao identificar a virada narcisista que a cultura ocidental, ao menos, executou desde o Iluminismo. A fusão cartesiana de *cogito* e ego foi, parece, fatal. Os sujeitos não tinham nenhuma conexão um com o outro. Tanto o espaço físico como o social foram fragmentados, e nos tornamos ilhas.

Mas há outra versão dessa fragmentação em discussão do sujeito da alta modernidade. Não a mônada, mas o nômade. Baumann pára por aí, mas outros seguiram esse pensamento com mais ferocidade. Subjetividade e identidade, longe de serem singulares, são agora concebidas como plurais: são performadas, brincamos com elas, são autênticas apenas talvez em sua inautenticidade; estruturadas em sua falta de estrutura; consistentes em sua inconsistência. O sujeito diferenciado se move pelo mundo, feito camaleão, com listras e manchas sempre cambiantes. E esse movimento também é mediado, refletido na mídia, refratado na mídia, possibilitado pela mídia e definido por nossa relação com a mídia em suas diversas manifestações. O sonho de Marx de que na nova era ele poderia "caçar de manhã, pescar à tarde, tocar bois à tarde, criticar depois do jantar, conforme eu tenha vontade, sem jamais me tornar caçador, pescador, pastor ou crítico" (Marx e Engels, 1970, p. 53) foi rapidamente superado pelo chamado progresso da modernidade, onde posso ser homem pela manhã, mulher à tarde e talvez algo completamente diferente após o jantar, e onde meus gostos, estilos e minha pessoa podem mudar com cada momento de consumo.

Se a moral reside na relação entre o self e Outro, então se exige um grau de integridade para ambos. E essa integridade deve, por seu turno, ser procurada, se não encontrada, nas consistências da experiência e no que, sem querer ser pomposo, eu poderia denominar a luta pela vida moral.

Quero situar essa luta, e a importância central da mídia para ela, em dois lugares. No privado e no público. Na esfera privada, dentro dos lares do mundo, as comunicações e os valores públicos, sem dúvida mediados por alto-falantes e telas, tornam-se sujeitos ao que chamei em outro contexto de "economia moral" da família (Silverstone, 1994). Confesso que, em discussões anteriores da economia moral, não me sentia à vontade com a noção do moral. Eu estava discutindo moral com um "m" muito pequeno e não sentencioso. Pretendo aqui sugerir algo mais forte, porém certamente mais controverso: que o doméstico é um lugar importante onde a luta pela vida moral ocorre no mundo, e é uma luta que implica o desejo e a capacidade de nos posicionarmos como seres conscientes, cuidadosos em relação ao Outro. É uma luta porque ela nem sempre é bem-sucedida, ou jamais é totalmente bem-sucedida.

No entanto, quando idéias, imagens, valores e as chamadas verdades cruzam o limiar entre vidas e espaços públicos e privados, seus significados estão sujeitos a reexame, rejeição, transcendência, de acordo com uma série de valores que sustentam, unicamente, o grupo social (família ou não) que ocupa esse espaço privado. É, de fato, na relação com a mídia, com a comunicação e a representação mediadas que cada vez mais temos de nos posicionar como sujeitos morais, pois muitas vezes o Outro aparece para nós apenas sob esse aspecto, e essas representações são checadas, quando possível, à luz das experiências da vida cotidiana. Por isso, a amoralidade essencial da mídia encontra ainda os lugares de resistência em culturas, tanto públicas como privadas, que podem chamar a mídia a uma prestação de contas. Desse modo, as incisivas generalizações da teoria da alta modernidade enfrentam seu próprio desafio: os modos da vida cotidiana dos que estão no mundo.

A segunda dimensão da luta pela vida moral diz respeito à aparência pública da verdade. A verdade na mídia é como a comunidade na sociedade: só é descoberta como valiosa e se torna o foco de preocupação pública quando está prestes a desaparecer. Neste momento em que escrevo, dois casos preocupam a mídia britânica. O primeiro está relacionado com um documentário britânico, *The Connection*, realizado no Reino Unido por uma grande emissora pública, transmitido no mundo todo e ganhador de vários prêmios, que, segundo se revelou, envolveu uma impostura considerável em suas afirmações para representar a realidade do tráfico de drogas da Colômbia para o Reino Unido. O segundo, relatado no mesmo jornal, eram as aparentes falsidades na autobiografia da ganhadora do prêmio Nobel da Paz, Rigoberta Menchú. Em ambos os casos, a acusação era de que havia uma realidade com base na qual avaliar a precisão e a veracidade das narrativas. Parece ter havido pouca defesa pública do documentarista, que poderia ter dito que o filme representou o que seu autor sabia ser verdadeiro mas precisou, em alguma medida, criar, e que no interesse da tensão narrativa numa época faminta de "realidade não-mediada" ele alegava (inveridicamente) estar ocorrendo em tempo real. No segundo caso, propôs-se uma defesa: ela reside no direito de um escritor (por motivo político ou de outro tipo) de lançar mão de metáfora e retórica para dramatizar uma história não completamente verdadeira para obter efeito e impacto. Em ambos os casos, pode-se perceber que uma verdade geral está sendo reivindicada sob uma falsidade literal. A memória, como vimos, frequentemente não é mais nem menos.

Temos razão em nos preocupar, mas muitas vezes parecemos ingênuos em nossa abordagem. Precisamos compreender melhor as implicações do que está agora acontecendo com a verdade como resultado, sobretudo e cada vez mais, da capacidade da tecnologia de nos distanciar dela; e consideravelmente, por assim dizer. Os mortos agora aparecem (embora os mortos, uma vez relembrados, nunca realmente morram) em novas seqüências em nossas telas, digitalmente remasterizados de imagens existentes e formatadas em novas seqüências: corpo e alma; som e imagem, vendendo-nos perfumes, refrigerantes e carros. O mundo digital está fadado a mentir. Ele leva a amoralidade da mídia a novas alturas.

O que devemos fazer?

Ousarei algumas sugestões em meu capítulo final. Por ora, quero voltar ao ponto de onde comecei. À idéia de que a base fundamental da ética está no reconhecimento do Outro. Proponho que o estudo da mídia seja ético nesse sentido. Com efeito, ele não pode deixar de sê-lo, pois ao examinar as raízes da representação e as maneiras pelas quais a mídia fornece acesso ao Outro material e simbólico; ao examinar como as relações entre nós e ela e uns com os outros devem ser administradas e julgadas; e em nossa compreensão dessas relações como a fonte da luta por uma vida moral, nossos estudos da mídia vão ao cerne do que agora devemos ver como a condição humana.

É apropriado terminar este capítulo com uma citação do filósofo cujo trabalho iniciou o primeiro, Isaiah Berlin. Ao apresentar seu novo ensaio sobre a busca do ideal, num livro vividamente intitulado *The Crooked Timber of Humanity* (A madeira empenada da humanidade), ele diz o seguinte sobre o tema da ética:

> O pensamento ético consiste no exame sistemático das relações dos seres humanos uns com os outros, das con-

> cepções, dos interesses e ideais dos quais nascem as maneiras como os humanos tratam uns aos outros e os sistemas de valor sobre os quais tais propósitos de vida se baseiam. Essas crenças sobre como a vida deve ser vivida, sobre o que homens e mulheres devem ser e fazer, são objetos da investigação moral; e quando aplicadas a grupos e nações e, de fato, à humanidade como um todo são chamadas filosofia política, que é apenas a ética aplicada à sociedade (Berlin, 1990, pp. 1-2).

Na medida em que as relações entre os humanos dependem de sua mediação eletrônica, em que nosso tratamento mútuo e o tratamento das concepções, interesses e ideais uns dos outros dependem da comunicação deles pela mesma mídia, e na medida em que se reconhece que essa mídia mudou a escala e o escopo de tais relações, temos de aceitar o desafio. Se queremos compreender, novamente nas palavras de Berlin, o "mundo muitas vezes violento em que vivemos", e o papel de nossa mídia nesse mundo, então estamos *de facto* engajados na investigação ética.

16

Rumo a uma nova política da mídia e a uma política da nova mídia

Trata-se tão-somente de poder, é claro. No fim. O poder que a mídia tem de estabelecer uma agenda. O poder que ela tem de destruir alguém. O poder que tem de influenciar e mudar o processo político. O poder de capacitar, animar. O poder de enganar. O poder de mudar o equilíbrio de forças: entre Estado e cidadão; entre país e país; entre produtor e consumidor. E o poder que lhe é negado: pelo Estado, pelo mercado e pela audiência, cidadão, consumidor opositores ou resistentes. Trata-se apenas de propriedade e controle: o quem, o quê e o como. E trata-se do gotejar da ideologia, como também do choque do evento extraordinário. Trata-se do poder da mídia de criar e sustentar significados; de persuadir, endossar, reforçar. O poder de minar e reassegurar. Trata-se de alcance. E de representação: a habilidade de apresentar, revelar, explicar; assim como a habilidade de conceder acesso e participação. Trata-se do poder de escutar e do poder de falar e ser ouvido. Do poder de incitar e guiar reflexão e reflexividade. O poder de contar contos e articular lembranças.

Estudamos a mídia porque nos preocupamos com seu poder: nós o tememos, o execramos, o adoramos. O poder de definição, de incitação, de iluminação, de sedução, de julgamento. Estudamos a mídia pela necessidade de compreender quão poderosa ela é em nossa vida cotidiana, na estruturação da experiência, tanto sobre a superfície como nas profundezas. E queremos utilizar esse poder para o bem, não para o mal.

O título deste capítulo é deliberadamente duplo, pois os tópicos são um novo tipo de política para a mídia e uma política para o mundo da nova mídia. As coisas estão mudando, e a mídia cambiante é tanto causa como conseqüência dessas mudanças. Enquanto no passado podíamos pensar no papel político da mídia como um papel dominado, mais ou menos exclusivamente, pelos ideais de uma imprensa livre e de uma radiodifusão de serviço público, já não podemos fazê-lo. A fragmentação e o fraturamento do espaço midiático, a liberalização dos mercados midiáticos, como também a destruição digital da política da escassez do espectro; as oportunidades possibilitadas pela queda do custo de entrada na mídia, de um lado, e as restrições impostas pela alta dos custos do sucesso numa cultura midiática global, de outro — tudo isso aponta um novo tipo de espaço midiático que terá profundas implicações para o exercício do poder e também para as oportunidades de participação pública na vida política. Quando radiodifusoras se tornam editoras; quando mercados para bens se tornam mercados para imagens; quando o centro de gravidade política continua a se deslocar da tribuna para o aparelho de TV; e quando Larry Flynt, pornógrafo supremo, ameaça começar a dissecar a vida privada dos senadores e congressistas nas páginas da *The Hustler*, como sua pequena contribuição à política e à vida pública dos Estados Unidos, somos forçados a reconhecer o surgimento de novas realidades políticas com as quais o processo político existente e as instituições políticas existentes serão obrigadas a lidar.

Enquanto outrora podíamos ter pensado na mídia como um apêndice ao processo político, uma criada para governos e partidos, e também como um irritante ou um cão de guarda, o Quarto Estado, temos agora de confrontá-la como fundamentalmente inscrita no próprio processo político. A política, como a experiência, já não pode sequer ser considerada fora de uma estrutura midiática. Enquanto outrora podíamos pensar na mídia como um fiador da liberdade e do processo democrático, temos agora de reconhecer o fato de que as próprias liberdades exigidas pela mídia e a ela concedidas e que nos serviram tão bem no passado estão a ponto de ser destruídas por essa própria mídia em sua ostentosa maturidade. A mídia, não menos do que talvez o capitalismo global em seu conjunto, como argumentaria John Gray em sua crítica, está cuspindo no prato que comeu: tanto a mídia como as liberdades de mercado estão a ponto de se destruir. Tornamo-nos canibais culturais. Este é um terrível paradoxo, mas que deve ser compreendido e encarado.

É, contudo, extraordinário notar a freqüência com que a mídia é distinguida por sua marginalização, se não por sua completa ausência, em várias críticas do estado atual da sociedade global (Beck, 1992; Giddens, 1998; Gray, 1998; Soros, 1998). Como é possível discutir globalização, reflexividade e administração de risco sem dar uma posição central à mídia é algo que me deixa perplexo. As economias globais e a finança global não podem trabalhar sem uma infra-estrutura de informação global e são ameaçadas pelas mesmas tecnologias da mídia: a velocidade pode aniquilar a razão e também facilitar transações e especulações. A política global depende da rápida comunicação entre as partes envolvidas, em tempos de paz e de guerra. A cultura global é cultura eletrônica: diáspora tanto quanto Hollywood. O risco é ao mesmo tempo representado e administrado no vaivém de declarações públicas — mediadas por veículos de massa — de perícia e plano de ação concorrentes. E se vamos considerar a reflexividade — a capacidade de monitorar, compreender mas jamais realmente controlar a dinâmica complexa da vida numa sociedade tardo-moderna, uma interação de duas vias entre pensamento e realidade, como George Soros (1998) a descreve — um componente fundamental do que define essas sociedades como distintivas, então me pareceria mais uma vez que é a mídia a portadora dessa reflexividade. Na verdade, a mídia é sua precondição. Ela é tanto o conduto para a representação do pensamento e da ação públicos e privados como o estimulante dela. Para indivíduos e também para instituições.

Em virtude de meus próprios argumentos até agora, e debatendo — de modo mais ou menos convincente, espero — o caráter essencial da mídia para a experiência, cabe a mim considerar quais implicações a mídia tem para uma compreensão da política e do exercício do poder em toda a sociedade, enquanto entramos no novo milênio. Com efeito, dado o que afirmei até este ponto, pode-se concluir que nós, estudiosos da mídia, temos a responsabilidade de nos engajar com o mundo que foi o objeto de nossa atenção. A fronteira que separa a academia do mundo concreto não pode mais, pelo menos nesta área, ser defendida.

Quero neste último, mas jamais definitivo, capítulo abordar algumas das questões levantadas nessa confrontação múltipla: entre a mídia e o ambiente político em que ela opera e que ela molda, e também entre pensamento e ação. Quero explorar a mídia na política e a política da mídia. Mas, nisto, não vou oferecer recomendações específicas de plano de ação, o que também seria absurdo tentar. O que procuro é a base fundamental, a precondição de uma nova política da mídia, e de uma política da nova mídia. O desafio é abordar o que poderia, razoavelmente, ser visto como uma crise na mídia global, sem recorrer a um tipo de fundamentalismo da mídia. Trataremos então da base de um projeto político, não de um programa político. Em seu cerne está a crença de que o estudo da mídia deve ser, ele mesmo, justamente tal projeto.

Então, vamos às questões que esse projeto deve abordar, os tópicos que precisa enfrentar, os dilemas que tem de resolver. Quero investigá-los partindo de várias suposições.

A primeira é que as tecnologias da mídia, como todas as outras tecnologias, têm o social atrás, em frente de si, e impregnado nelas. Poderíamos dizer que a mídia tem tal e tal efeito, e não agimos mal ao fazê-lo, mas é preciso lembrar que as tecnologias da mídia surgem como objetos materiais e simbólicos e catalisadores da ação, e, como tais, são eficazes apenas mediante os atos de indivíduos e instituições. Daí se segue, creio, que essas ações são políticas. Elas, por sua própria natureza, implicam uma luta por significado e controle: no projeto, no desenvolvimento, na distribuição e no uso.

A segunda é que a mídia, como força cultural, é, de modo semelhante, política: sujeita a conflitos em torno de acesso e participação; em torno de direito de propriedade e representação; e sempre vulnerável às incertezas e às conseqüências imprevistas de todo e qualquer ato de comunicação. A mídia conecta e separa a um só tempo. Inclui e ao mesmo tempo exclui. Oferece liberdades de expressão e reclama direitos de vigilância e controle. Ela também possibilita e impede. Cria novas desigualdades, assim como procura eliminar antigas.

A terceira é que a mídia sempre foi uma parte crucial do processo político, em democracias mas também em tiranias, pois a disseminação e administração da informação são, por sua vez, parte crucial da administração de um Estado nacional; e a criação e a administração da cidadania dependem, por sua vez, da informação e da comunicação eficazes dentro de governos, em meio aos governados, como também entre eles.

A quarta é que a mídia está em constante mudança, e suas relações com as sociedades que a sustentam estão conseqüentemente mudando. O século XX foi definido pelo aparecimento da mídia eletrônica: o rádio e o telefone estavam lá em seu início, a Internet estava em seu término. Da válvula ao transistor, do código Morse à criptografia, do analógico ao digital. E do local ao global, e do global ao local. De um para um, de um para muitos e — como agora também se pode conceber, sob o aspecto dos referendos eletrônicos, com *e-mails* para líderes políticos e fóruns *on-line* geradores de políticas — de muitos para um. De Marconi para Murdoch e Microsoft. De Bell e Baird para Berlusconi e Bertelsmann.

A quinta é que vivemos num mundo plural. Compartilhamos nosso mundo com os outros. Esses outros se chamam Simpsons e Ewings, Oprah Winfrey e Dan Leno, Bill Clinton, Tony Blair e Saddam Hussein. Chamam-se Taliban e tútsis, bósnios e sérvios. São os vizinhos na rua e também os anônimos no outro lado do globo. Vivemos com eles em sua diferença, tanto dentro como fora da mídia. Nenhuma política midiática eficiente pode se dar ao luxo de ignorar esse pluralismo. Com efeito, ele deve ser o fundamento sobre o qual ela se constrói. E nenhuma política nacional ou global pode se dar ao luxo de ignorar a mídia.

Essas suposições mostram que precisamos de uma reavaliação fundamental da relação da mídia com o processo político. Vivemos, nas palavras de Anthony Giddens (1998), num mundo global de Estados sem inimigos, e de governança em vez de governo. É um mundo, entretanto, que, em sua pluralidade, não pode mascarar a presença contínua de diferença e conflito fundamentais, tanto dentro de Estados como entre eles. Como se deve administrar isso? Que papel a mídia pode desempenhar? É um desafio imenso, e que, na melhor das hipóteses, serei capaz apenas de começar a delinear.

Talvez eu possa começar considerando algumas das idéias e dos modelos oferecidos até agora. A primeira e mais discutida, ao menos pelos que trataram diretamente da relação entre a mídia e o processo político, é a da *esfera pública*.

O filósofo e sociólogo alemão Jürgen Habermas (1989) empregou a noção de esfera pública como a pedra angular de sua análise do caráter distintivo da modernidade e de sua infra-estrutura democrática; uma análise em que a mídia desempenhou um papel central. Em sua visão, a esfera pública surgiu quando a própria burguesia surgiu como uma classe distinta e significante, quando sociedades se industrializaram e mercados se formaram no final do século XVIII e no começo do XIX. O que estava em jogo era a criação de algo chamado *opinião pública* e a possibilidade para alguém chamado *cidadão* desempenhar um papel na política do que, até então, tinha sido um Estado exclusivo e excludente.

A esfera pública apareceu entre o âmbito da autoridade pública, o Estado, e o da sociedade civil, incluindo os novos tipos de relações privada e pessoal que estavam sendo forjadas na praça do mercado e na esfera doméstica. Os membros dessa nova classe, cada vez mais seguros em sua riqueza e ávidos por reclamar a influência — a que tinham direito, conforme pensavam — nos negócios da nação, estabeleceram as instituições que permitiriam à presença deles ser sentida na vida pública. Principalmente, a esfera pública estava aberta a todos, e todos que participavam participariam em condições iguais. Era o começo da democracia liberal: em volta das mesas dos cafés, nas páginas dos jornais, que começavam a fornecer comentário político e também notícias e anúncios, e nos salões sagrados de museus, bibliotecas e universidades públicos. Para discutir e participar. Deixar a razão governar nos negócios do mundo. Influenciar e comandar.

A esfera pública, como a descreveu Habermas, teve um breve florescimento no norte da Europa, sobretudo no Reino Unido. Sua vida foi curta, rapidamente comprometida e confiscada pelo Estado em expansão e cada vez mais confiante em sua habilidade e em seus direitos de intervir na vida privada de seus cidadãos, e por um mercado cada vez mais poderoso e insistente. O espaço e o tempo para o debate livre e racional diminuíram. O cidadão se tornou o consumidor, comprando idéias, valores e crenças, em vez de fabricá-las pela discussão. A imprensa perdeu sua incisividade à medida que progressivamente se comercializou. A mídia visual participou na criação do que depois foi chamado de sociedade do espetáculo, um tipo de refeudalização da autoridade pública que ressuscitou o mundo cortesão da administração da imagem: de exibições de poder por meio da pessoa e da personalidade; poder performado à noite na tela de TV global.

As idéias de Habermas geraram muita discussão. Há os que dizem que a esfera pública foi, desde o início, uma fantasia. Habermas não viu nem a capacidade dela de excluir (nenhuma mulher, nenhum membro da classe operária tinha participação efetiva), nem a presença de lugares e culturas alternativos de debate público e ação, especialmente na classe operária. Ele não havia lido, ao que parece, seu E. P. Thompson (1963). Outros dizem que, a despeito das imprecisões históricas, muitas das quais Habermas posteriormente reconheceu, seus argumentos constituem mais um ideal do que uma idealização, um ideal que pode e deve fornecer a base para uma crítica das falhas da mídia contemporânea.

No entanto, outros argumentam que essa mesma mídia preservou, ao contrário, uma importante parte do que Habermas via como distintivo na esfera pública: nossa mídia, particularmente na forma da radiodifusão de serviço público, ofereceu um incomparável acesso à vida pública e política, e de uma maneira que permitiu a discussão delas de forma responsiva e responsável. Há os que vêem na nova mídia, muito especialmente na Internet, oportunidades para ressuscitar a esfera pública em toda a sua glória imaginada: pois aí finalmente, dizem, há um espaço global para a discussão e o debate livres e informados, e um espaço crucialmente além do alcance tanto do comércio como do Estado.

E, por fim, há os que não vêem no novo ambiente midiático nenhuma base real para comparação com o que possibilitou o debate e a crítica no começo do século XIX. Os fundamentos para a participação eficaz desapareceram; não vivemos mais num mundo de cafés; nosso aprendizado é *on-line*; o mundo é muito complexo para compreendermos; somos vulneráveis à sobrecarga de informação; e a própria opinião pública se tornou um artefato da mídia, para ser criado e manipulado à vontade, uma espécie de barômetro do bem-estar de governos ou presidentes enfermos.

O que pretendo tirar de tais discussões e debates? Em primeiro lugar, reconhecer o poder dessa idéia e identificar os valores que a constituem. O argumento depende de uma crença no governo da razão e de um desejo de proteger esse governo e os espaços onde ele pode ser exercido. Em debate está a capacidade das instituições midiáticas de criar e sustentar um debate público significativo: de maneira justificável, acessível e responsável. Não podemos pedir, nem devemos esperar, menos.

Mas a versão habermasiana da esfera pública tende a se desviar em demasia, pode-se dizer, para o singular; e há um traço utópico na discussão que, por sua própria natureza, é prescritivo. Isso torna a noção de esfera pública curiosamente, e paradoxalmente, a-histórica. Em seu desejo de insistir no governo da razão, Habermas deixa de reconhecer sua pluralidade e as *diferentes* maneiras pelas quais as discussões e debates públicos podem ocorrer significativamente. O popular é depreciado, e na pressa em condenar novas formas de privatização e o recolhimento ao espaço interior, doméstico, para não dizer suburbano, resultante do aparecimento da mídia de massa, Habermas perde uma oportunidade de examinar, nem que fosse após condenar, novas formas de ser e agir em público, assim como maneiras alternativas de participar do discurso público.

No entanto, é esse senso de abertura que quero preservar e, de fato, reforçar. Pois a segunda idéia que eu gostaria, mais concisamente, de considerar é a da *socie-*

dade aberta. A grande polêmica de Karl Popper (1945) orientava-se pela imponente ameaça à liberdade e à razão que ele via tanto nas sociedades de seu tempo como numa parcela importante do pensamento na filosofia ocidental. A sociedade aberta era uma sociedade preparada para assumir riscos: para ser aberta ao debate e à crítica, e não fechada pelas tiranias de visões utópicas, ideologias e pela concentração do poder estatal. Popper argumentou contra a moral e a viabilidade da engenharia social: o tipo de virada política que Estados, animados por um senso de seu próprio destino e pela crença confiante de que estavam no lado certo da história, adotaram como maneira de restituir o mundo a alguma idade de ouro ou de fazê-lo agarrar o brilhante e cintilante novo futuro. O neoliberalismo e o comunismo em nossa própria época são exemplos óbvios. O problema, para Popper, era o historicismo: uma crença no destino; e a negação da razão e da diferença e da falibilidade humanas. A história, para Popper, não tem significado. Nem a história, nem a natureza, nem, pode-se acrescentar, a tecnologia podem nos dizer o que devemos fazer. Vivemos num mundo de conseqüências imprevistas, onde não há solução final, um mundo pelo qual devemos, em nossa vulnerabilidade, assumir responsabilidade. A história é plural. Os apelos a um propósito comum são fundamentalmente equivocados e, acima de tudo, implicam um apelo a abandonar a razão.

Os alvos de Popper são óbvios e, em muitos aspectos, singulares: a ameaça era realmente a ameaça do singular e o poder que a singularidade tem de mobilizar a política e alimentar o exercício do poder. É claro, sua própria teoria dependia de uma crença no poder da razão singular que seria, agora, aberta ao desafio. Mas ele viveu em, e sobreviveu a, um mundo totalitário. Nós, na maior parte, não. E, ao ponderar sobre algumas das implicações de seu trabalho para uma compreensão do exercício do poder na sociedade da alta modernidade e, claro, para o papel da mídia nela, temos de nos engajar, forçosamente, com um ambiente mais complexo. Os perigos atuais não são apenas os do singular, mas os do plural ilimitado. Vale tudo. Podemos temer as repressões à ação e à crença impostas pela ideologia dominadora e dominante, esteja sua fonte nas atividades do Estado ou no fundamentalismo de uma crença no mercado global, mas também nos confrontamos com a fragmentação da vida moral e política, reduzida às crenças e aos valores supostamente incomensuráveis de indivíduos e grupos. A política da identidade. A política do individualismo. Elas constituem, pode-se afirmar, uma ameaça à liberdade tanto quanto qualquer ideologia totalitária. Uma aceitação muito rápida dos direitos alheios é, muitas vezes, uma máscara para a falta de pensamento e de razão. Podemos compreender mas não podemos julgar. E vale tudo.

A mídia de massa criou uma sociedade de massa. A sociedade de massa era uma sociedade vulnerável. Indivíduos atomizados em perigo. A propaganda era o grande medo. O rádio era seu instrumento. Sociedades autoritárias exerciam poder pela mídia, via controle direto de instituições e agendas. Agora, o medo é o oposto. Nossa mídia fornece tudo e nada. O mercado governa, e no mercado *nós* somos os reis e as rainhas. Ambos os medos são exagerados, é claro. Ambos são reais.

Uma política contemporânea da mídia, uma política da nova mídia têm de tomar um rumo entre a espada do totalitário e a parede do plural ilimitado. Não é necessariamente *a* terceira via. Preciso retornar a Isaiah Berlin e Emmanuel Levinas.

Correndo o risco de distorcer duas contribuições filosóficas distintas e originais, defendo a opinião de que esses dois pensadores apresentam uma visão similar, fundada, é preciso dizer, num humanismo profundo e, no melhor sentido do termo, liberal, o qual, por sua vez, se baseia num fundamental respeito pelo Outro. Ambos reconhecem a irredutibilidade da Alteridade. Ambos insistem num universo plural. Ambos, igualmente, exigem o esforço de alcançar o Outro por uma aceitação de uma humanidade comum. Para Berlin, é isso que distingue o pluralismo do relativismo. Defendendo Herder e Vico dessa última acusação, Berlin diz o seguinte. Cito-o pela última vez:

> Eles estão nos convidando a olhar para sociedades diferentes da nossa, cujos valores últimos podemos perceber como objetivos de vida totalmente compreensíveis para homens realmente diferentes de nós, mas seres humanos, *semelhantes*, para dentro de cujas circunstâncias podemos (com grande esforço que somos ordenados a fazer) achar um caminho, nas quais podemos "entrar", para usar o termo de Vico... Se a busca for bem-sucedida, veremos que os valores dessas pessoas remotas são tais que seres humanos como nós — criaturas capazes de discriminação intelectual e moral — poderíamos nortear nossa vida por eles. Esses

> valores podem nos atrair ou repelir: mas compreender uma cultura passada é compreender como homens como nós, num ambiente particular ou artificial, poderiam incorporá-los em suas atividades, e por quê; é ver, à força de investigação histórica suficiente e de simpatia imaginativa, como vidas humanas (isto é, inteligíveis) podiam ser vividas seguindo-os (Berlin, 1990, pp. 79, 82-83).

O pluralismo pressupõe a possibilidade de tal compreensão a despeito da diferença. Não é relativismo porque pressupõe uma humanidade comum por meio da qual tanto a identificação como julgamentos podem ser realizados. Isso não implica a imposição de um código moral único, mas uma aceitação de que os seres humanos são definidos pelo que os faz humanos e podem ser julgados à luz disso. E, para Berlin, Levinas e Baumann, o Outro pode, muito certamente, estar errado.

A compreensão não pode ser moralmente neutra porque se baseia na identificação da humanidade comum e dos direitos dos outros. Não compreenderemos se ignorarmos essas diferenças, apagando-as ou subsumindo-as. O Outro, como afirma Levinas, é como nós, mas não como nós. O Outro precisa ser reconhecido, confrontado, apreciado, compreendido. Repetindo, nossa humanidade é a conseqüência dessa responsabilidade primária, não sua causa.

O estranho, "o viandante que vem hoje e fica amanhã", aquele que está longe porém perto, que está perto porém longe, é, como o caracteriza Georg Simmel, uma figura-chave para a sociedade tardo-moderna, mais ainda do que o era no começo do século XX. Esse estranho nos é próximo "na medida em que sentimos entre ele e nós mesmos similaridades de nacionalidade ou posição social, de ocupação ou de natureza humana geral. Está distante na medida em que essas similaridades se estendem para além dele e de nós e nos conectam apenas porque conectam um grande número de pessoas" (Simmel, 1971, p. 147).

Essa dialética de distância e proximidade, familiaridade e estranheza, é a articulação crucial do mundo tardo-moderno; e é uma dialética em que a mídia está crucialmente envolvida. De fato, seria possível dizer, embora de maneira inteiramente abstrata e facilmente banalizada, que é esse o projeto da mídia *par excellence*. Como argumentei, a mídia é fundamental para nossa experiência do mundo, e é em seu alcance, através do tempo e do espaço, que essa experiência é enriquecida ou empobrecida por imagens e idéias, palavras e mundos, aos quais de outro modo não teríamos acesso. Essa percepção é também o que fundamenta a mídia como global e insiste na importância central dela para uma compreensão da cultura, da sociedade e do governo globais.

Então, quais são as implicações dessas observações para uma nova política da mídia? Sobre que questões devemos agora nos pronunciar?

Elas são, claro, inúmeras. Nenhuma parte da vida social contemporânea é intocada pela presença da mídia. Sua ausência é sentida como uma ferida. Numa chamada sociedade da informação, a ausência de informação é vista como uma privação imensurável. Mas mesmo essa percepção tão freqüentemente articulada é um engano. A informação não tem valor. Conhecimento é o que conta. Precisamos ser cautelosos perante argumentos que vêem na crescente divisão entre os ricos e os pobres de informação um mal social inevitável e necessário. Quando enormes faixas de população estão sem telefones e televisores, é difícil lamentar a ausência da Internet. Mas, em todos esses casos, as tecnologias não são, por si mesmas, criativas. O acesso a redes de comunicação tanto globais como locais é, certamente, capacitante, mas temos de ter algo a dizer, e deve haver alguém para escutar, e para ouvir. Não podemos, em vez disso, falar em rico e pobre de comunicação, em rico e pobre de conhecimento? Não podemos pensar para além do que nós próprios consideramos uma mercadoria valiosa, se não essencial? A tecnologia só pode complementar e intensificar a vida social e cultural quando já há algo de valor para complementar e intensificar.

Pois sabemos quão alienante o mundo se tornou. Somos alienados cada vez mais, e talvez sobretudo, pelo processo político, privados de participação significativa nele pelas próprias tecnologias que continuamente nos informam sobre as operações internas de tal processo. Como, no fim, podemos votar numa imagem? O novo mundo de agentes e avatares inteligentes não significa nada? Como posso responder eletronicamente a um pedido de opinião sobre um tópico político quando não compreendo o que estão me pedindo que julgue? Formular tais questões não é luditismo. Pelo contrário. Muitos agora estão pensando em novas maneiras de envolver as tecnologias de novas mídias na restauração de políticas nacionais e na estimulação de políticas globais. Há os que vêem na interatividade de uma rede global a oportunidade para revivificar estruturas democráticas existentes e capacitar os indivíduos (embora apenas os que têm acesso a um terminal e sabem como usá-lo, e por quê) a responder a, ou pelo menos a iniciar, um diálogo com líderes políticos e governos. Há outros que vêem nessas mesmas tecnologias uma oportunidade para criar novas formas de participação política, novas estruturas e novos tipos de (auto) governança. Há os que, em contrapartida, vêem na enorme extensão e no alcance da nova mídia significantes oportunidades para barrar liberdades e para uma vigilância sem paralelo, tanto econômica como política. Essas opções, essas ameaças, essas questões são, claro, muito importantes para ser deixadas nas mãos de tecnólogos ou de políticos.

O mesmo se dá com a política do risco. E aqui também a mídia é tanto instrumento como transtorno. Minha visão é que todas as sociedades e indivíduos ao longo da história tiveram de lidar com o risco, e que na experiência da vida cotidiana é difícil distinguir entre os supostos riscos gerados pelos excessos da engenharia biomédica ou do aquecimento global e as más colheitas e as ameaças do demônio. Enquanto sociedades mais antigas tinham seus xamãs, nós temos nossos noticiaristas. Existe pouco trabalho conjunto que tente compreender o papel da mídia na administração do risco, embora sua importância fundamental mal possa ser negada. Um estudo nesse sentido (Turner et al., 1986) examinou a vida na falha de San Andreas, revelando um ciclo sutilmente equilibrado de relato de risco e administração da ansiedade nas notícias e nos assuntos correntes. Os relatos das últimas descobertas "científicas" e prognósticos se alternavam com estratégias desacreditadoras ou outras tranqüilizadoras, de tal modo que nunca se perdia o tópico de vista, mas tampouco se deixava que ele saísse do controle (isto é, até realmente sair em 1988). A nova política da mídia, assim como a velha, deve compreender sua própria importância para a condução e a segurança da vida cotidiana. Se queremos evitar uma política do pânico, tal como foi experimentada no Reino Unido durante o episódio da vaca louca (BSE: Bovine Spongiform Encephalopathy), temos de abordar, direta e insistentemente, a maquinaria não só do governo, mas do contexto em que cada governo ocorre e que, por seu turno, o cerceia. Ou seja, em matéria de política pública e governança eficaz, a mídia é tanto contexto como texto: aqui, ao menos, poderíamos tomar a sério uma versão da máxima de Marshall McLuhan, segundo a qual o meio é *também* a mensagem.

E o mesmo se dá com a política da inclusão. Como pode a mídia ser usada para permitir a participação na vida política sem exclusão? Num mundo em que minorias, definidas tanto objetiva como subjetivamente, estão sendo encorajadas a se apoderar de seu tempo e de sua identidade e em que a mídia é vista como instrumento crucial para ambos, como evitar uma política provinciana e defensiva de autodefinição e interesse pessoal? Como evitar pessoas com visões, ou valores, compartilhados ou compartilháveis falando apenas para si mesmas como uma espécie de gueto cultural eletronicamente mediado, auto-criador, auto-sustentador? Como evitar essa negação do Outro e do choque do, e da responsabilidade pelo, Outro em que tal guetização inevitalmente resultará? Como lançar uma ponte à sociedade do terceiro excluído, em que instituições mais ou menos inclusivas (que pertenciam à esfera do Estado até recentemente — entre elas crucialmente a radiodifusão) estão desaparecendo sob as ameaças combinadas dos mercados globais, fragmentando o espaço midiático e os interesses locais e minoritários? Como fazer o estranho se sentir em casa?

Nas atuais discussões sobre a nova política da mídia e sobre a política da nova mídia, muito se diz sobre a necessidade contínua de regulação: regulação de mercados, concorrência, conteúdo, especialmente diante do crescente domínio da indústria global por um punhado de corporações multinacionais. A reivindicação é persuasiva, pelo menos no que diz respeito ao mercado e à concorrência, embora seja de difícil implementação, pois os governos nacionais não podem controlar seu espaço midiático como outrora acreditavam que podiam, e não existe uma estrutura internacional receptiva na qual se possa chegar a um acordo sobre políticas orientadas ou para a regulação ou para os direitos. De fato, pode-se afirmar que, num mundo de mídia digital, em oposição à radiodifusão, essa regulação só pode ser seguida na base de uma legislação antitruste existente e que diga respeito a toda intenção de monopolização em qualquer que seja a indústria.

Mas existem outras coisas na nova política da mídia e na política da nova mídia além de debates sobre regulação. Quero dizer que a educação tem a mesma importância, e por educação, neste contexto, refiro-me à iniciação em mídia. Precisamos saber, todos nós, como a mídia funciona e precisamos saber como ler e compreender o que vemos e ouvimos. Claro, esse é nosso projeto; pois nós que estudamos a mídia devemos também passar adiante o que aprendemos. Mas dadas a ubiqüidade da mídia eletrônica e sua fundamental importância para a vida cotidiana, dada sua relevância para nosso projeto cotidiano de compreender o mundo em que vivemos, nada menos do que isso servirá.

A política tem de ser pensamento e prática. A política da mídia não é exceção. A política e a mídia dependem, ambas, de confiança. Estudamos a mídia porque precisamos compreender como ela contribui para o exercício do poder na sociedade tardo-moderna, tanto dentro como fora do processo político estabelecido. A mídia tem uma responsabilidade de tornar o mundo inteligível, nem mais, nem menos. Pois é apenas em sua inteligibilidade que o mundo e os outros que vivem nele se tornam humanos. E nós que estudamos a mídia precisamos tornar a mídia inteligível. Não se trata de um projeto fácil, nem confortável. Mas o perseguimos na esperança de que depositando um grão de areia numa ostra a irritação causada por nossa presunção irá, de tempos em tempos, se converter em pérola.

Bibliografia

ADORNO, Theodor (1954). "Television and the patterns of mass culture", in Bernard ROSENBERG e David MANNING WHITE (eds.), *Mass Culture: the Popular Arts in America*, New York, Free Press, pp. 474-488.

ANDERSON, Benedict (1983). *Imagined Communities: Reflections on the Origin and Spread of Nationalism*, London, Verso.

ANG, Ien (1986). *Watching Dallas Soap: Opera and the Melodramatic Imagination*, London, Routledge.

APPADURAI, Arjun (1996). *Modernity at Large: Cultural Dimensions of Globalization*, Minneapolis, Minnesota University Press.

ARISTÓTELES (1963). *Poetics*, Everyman's Library, London, J. M. Dent [ed. br. 1993: *Poética*, São Paulo, Ars Poetica].

BACHELARD, Gaston (1964). *The Poetics of Space*, Boston, MA, Beacon Press [ed. br. 2000: *A poética do espaço*, São Paulo, Martins Fontes].

BARTHES, Roland (1972). *Mythologies*, London, Jonathan Cape [ed. br. 1999: *Mitologias*, Rio de Janeiro, Bertrand Brasil].

—— (1976). *The Pleasure of the Text*, London, Jonathan Cape [ed. br. 2002: *O prazer do texto*, São Paulo, Perspectiva].

—— (1977). *Image-Music-Text: Essays Selected and Translated by Stephen Heath*, London, Fontana.

—— (1981). *Camera lucida: Reflections on* Photography, London, Jonathan Cape [ed. br. 2000: *A câmara clara*, São Paulo, Nova Fronteira].

BAUDRILLARD, Jean (1988). *Selected Writings*, ed. e introd. de Mark Poster, Cambridge, Polity Press.

—— (1995). *The Gulf War did not Take Place*, Sydney, Power Publications.

BAUMANN, Zygmunt (1989). *Modernity and the Holocaust*, Cambridge, Polity Press.

—— (1993). *Postmodern Ethics*, Cambridge, Polity Press.

BECK, Ulrich (1992). *Risk Society*, London, Sage.

BENJAMIN, Walter (1970). *Illuminations*, London, Fontana.

—— (1976). *Charles Baudelaire: A Lyric Poet in the Era of High Capitalism*, London, Verso.

BERLIN, Isaiah (1990). *The Crooked Timber of Humanity*, London, John Murray.

—— (1997). *The Proper Study of Mankind*, London, Chatto and Windus.

BILLIG, Michael (1987). *Arguing and Thinking: a Rhetorical Approach to Social Psychology*, Cambridge, Cambridge University Press.

BURKE, Peter (1978). *Popular Culture in Early Modern Europe*, London, Maurice Temple Smith [ed. br. 1989: *Cultura popular na idade moderna*, São Paulo, Cia. das Letras].

BUTLER, Judith (1990). *Gender Trouble: Feminism and the Subversion of Identity*, London, Routledge.

CAILLOIS, Roger (1962). *Man, Play and Games*, Glencoe, IL, Free Press.

CAIRNCROSS, Frances (1997). *The Death of Distance: How the Communications Revolution Will Change our Lives*, London, Orion Business Books [ed. br. 2000: *O fim das distâncias – Como a revolução nas comunicações transformará nossas vidas*, São Paulo, Nobel].

CAREY, James (1989). *Communication as Culture: Essays on Media and Society*, Boston, MA, Unwin Hyman.

CASTELLS, Manuel (1996). *The Rise of the Network Society*, Oxford, Basil Blackwell.

CHANEY, David (1983). "A symbolic mirror of ourselves: civic ritual in mass society", *Media, Culture & Society*, 5 (2): 119-36.

CÍCERO (1942). *De Oratore*, 2 vols., Loeb Classical Library, Cambridge, MA, Harvard University Press.

COHEN, Anthony (1985). *The Symbolic Construction of Community*, Chichester e London, Ellis Harwood and Tavistock.

COHEN, Stanley (1972). *Folk Devils and Moral Panics*, London, McGibbon and Kee.

CULLER, Jonathan (1975). *Structuralist Poetics: Structuralism, Linguistics and the Study of Literature*, London, Routledge and Kegan Paul.

DASGUPTA, Partha (1988). "Trust as a commodity", in Diego GAMBETTA (org.)., *Trust: Making and Breaking Cooperative Relations*, Oxford, Basil Blackwell, pp. 49-72.

DAVIS, Collin (1996). *Levinas: an Introduction*, Cambridge, Polity Press.

DAYAN, Daniel (1998). "Particularist media and diasporic communication", in Tamar LIEBES e James CURRAN (orgs.)., *Media, Ritual and Identity*, London, Routledge, pp. 103-113.

DEBORD, Guy (1977). *The Society of the Spectacle*, London, Practical Paradise Productions.

DIAMOND, Elin (org.) (1996). *Performance and Cultural Politics*, London, Routledge.

ELIAS, Norbert (1978). *The Civilising Process*, vol. 1: *The History of Manners*, Oxford, Blackwell [ed. br. 1995: *O processo civilizador*, vol. 1: *Uma história dos costumes*, Rio de Janeiro, Jorge Zahar Editor].

Frith, Simon (1983). "The Pleasures of the hearth", in *Formations of Pleasure*, London, Routledge and Kegan Paul, pp. 101-123.

Gambetta, Diego (org.). (1988). *Trust: Making and Breaking Cooperative Relations*, Oxford, Basil Blackwell.

Garfinkel, Harold (1967). *Studies in Ethnomethodology*, Englewood Cliffs, NJ, Prentice-Hall.

Gell, Alfred (1988). "Technology and magic", *Anthropology Today*, 4 (2): 6-9.

Gerbner, George (1986). "Living with television: the dynamics of the culturation process", in J. Bryant e D. Zillman (orgs.)., *Perspectives on Media Effects*, Hillside, NJ, Lawrence Erlbaum, pp. 17-40.

Giddens, Anthony (1990). *The Consequences of Modernity*, Cambridge, Polity Press.

—— (1991). *Modernity and Self-identity: Self and Society in the Late Modern Age*, Cambridge, Polity Press.

—— (1998). *The Third Way: the Renewal of Social Democracy*, Cambridge, Polity Press [ed. br. 1999: *A terceira via*, Rio de Janeiro, Record].

Gillespie, Marie (1995). *Television, Ethnicity and Cultural Change*, London, Routledge.

Gray, John (1998). *False Dawn: the Delusions of Global Capitalism*, London, Granta Books [ed. br. 1999: *Falso amanhecer: os equívocos do capitalismo global*, Rio de Janeiro, Record].

Habermas, Jürgen (1970). "Towards a theory of communicative competence", in Hans Peter Dreitzel (ed.)., *Recent Sociology Nº 2*, New York, Macmillan, pp. 114-50.

—— (1989). *The Structural Transformation of the Public Sphere: an Inquiry into a Category of Bourgeois Society*, Cambridge, Polity Press [ed. br. 1984: *Mudança estrutural da esfera pública*, Rio de Janeiro, Tempo Brasileiro].

HALL, Stuart, CRITCHER, Charles, JEFFERSON, Tony, CLARKE, John e ROBERT, Brian (1978). *Policing the Crisis: Mugging, the State and Law and Order*, London, Macmillan.

HARAWAY, Donna J., (1985). *Simians, Cyborgs, and Women*, London, Free Association Books.

HARTMANN, Geoffrey (1997). "The cinema animal", in Yoseja LOSHITSKY (ed.)., *Spielberg's Holocaust: Critical Perspectives on Schindler's List*, Bloomington, Indiana University Press, pp. 61-76.

HASTRUP, Kirsten (1995). *A Passage to Anthropology: Between Experience and Theory*, London, Routledge.

HELLER, Agnes (1984). *Everyday Life*, London, Routledge and Kegan Paul.

HORKHEIMER, Max e ADORNO, Theodor (1972). *Dialectic of Enlightenment*, New York, Seabury Press [ed. br. 1985: *Dialética do esclarecimento*, Rio de Janeiro, Jorge Zahar Editor].

HUIZINGA, Jan (1970/1949). *Homo Ludens*, London, Maurice Temple Smith.

INNES, Harold (1972). *Empire and Communications*, Toronto, University of Toronto Press.

JHALLY, Sut (1990). *The Codes of Advertising: Fetishism and the Political Economy of Meaning in Consumer Society*, London, Routledge.

KATZ, Elihu e LAZARSFELD, Paul (1955). *Personal Influence: the Part Played by People in Mass Communication*, New York, Free Press.

KRAUT, Robert (1998). "Internet paradox: a social technology that reduces social investment and psychological well being", *American Psychologist*, 53 (9): 1.017-1.031.

LEVINAS, Emmanuel (1987). *Time and the Other*, Pittsburgh, PA, Duquesne University Press.

LEWIS, C. A. (1942). *Broadcasting from Within*, London, Newnes.

LIEBES, Tamar, e KATZ, Elihu (1990). *The Export of Meaning*, Oxford, Oxford University Press.

LIVINGSTONE, Sonia (1998). "Mediated childhoods: a comparative approach to young peoples' changing media environments in Europe", *European Journal of Communication*, 13 (4): 435-456.

MCGINNISS, Joe (1970). *The Selling of a President*, London, Deutsch.

MCKEON, Richard (1987). *Rhetoric: Essays in Invention and Discovery*, Woodbridge, CT, Ox Bow Press.

MCLUHAN, Marshall (1964). *Understanding Media*, London, Routledge and Kegan Paul.

MANSELL, Robin (1996). "Designing electronic commerce", in Robin MANSELL e Roger SILVERSTONE (eds.), *Communication by Design: the Politics of Information and Communication Technologies*, Oxford, Oxford University Press, pp. 103-128.

MARX, Karl, e ENGELS, Friedrich (1970). *The German Ideology*, London, Lawrence and Wishart [ed. br. 2001, *A ideologia alemã*, São Paulo, Martins Fontes].

MASS OBSERVATION (1939). *Britain*, Harmondsworth, Penquin.

MERCER, Koben (1996). *Imagined Communities*, Manchester, National Touring Exhibitions/Cornerhouse Productions.

MEYROWITZ, Joshua (1985). *No Sense of Place: the Impact of Electronic Media on Social Behaviour*, New York, Oxford University Press.

NEGROPONTE, Nicholas (1995). *Being Digital: the Road Map for Survival on the Information Superhighway*, London, Hodder and Stoughton [ed. br. 1995: *A vida digital*, São Paulo, Cia. das Letras].

ONG, Walter (1982). *Orality and Literacy: the Technologizing of the World*, London, Methuen [ed. br. 1998: *Oralidade e cultura escrita*, Campinas, Papirus].

POPPER, Karl (1945). *The Open Society and its Enemies*, 2 vols., London, Routledge and Kegan Paul [ed. br. 1998: *A sociedade aberta e seus inimigos*, Belo Horizonte, Itatiaia].

RENOV, Michael (1993). *Theorizing Documentary*, London, Routledge.

RHEINGOLD, Harold (1994). *The Virtual Community: Finding Connection in a Computerised World*, London, Secker and Warburg.

RICOEUR, Paul (1984). *Time and Narrative*, vol. 1, Chicago, IL, Chicago University Press [ed. br. 1994: *Tempo e narrativa*, vol. 1, Campinas, Papirus].

SAMUEL, Raphael (1994). *Theatres of Memory*, vol. 1: *Past and Present in Contemporary Culture*, London, Verso.

SCANNELL, Paddy (1988). "Radio times: the temporal arrangements of broadcasting in the modern world", in Phillip DRUMMOND and Richard PATESON (eds.), *Television and its Audience: International Research Perspectives*, London, British Film Institute.

SILVERSTONE, Roger (1981). *The Message of Television: Myth and Narrative in Contemporary Culture*, London, Heinemann Educational Books.

—— (1994). *Television and Everyday Life*, London, Routledge.

—— (1998). "Jewish television: prospects and possibilities", *JPR Policy Paper*, nº 1, março, London, Institute for Jewish Policy Research.

SIMMEL, Georg (1971/1908). "The Stranger", in Donald E. LEVINE (ed.)., *Georg Simmel: On Individuality and Social Forms*, Chicago, IL, Chicago University Press, pp. 143-149.

SOROS, George (1998). *The Crisis of Global Capitalism: Open Society Endangered*, London, Little, Brown and Co. [ed. br. 2001: *A crise do capitalismo global — os perigos da sociedade globalizada*, Rio de Janeiro, Campus].

STEINER, George (1975). *After Babel*, Oxford, Oxford University Press.

THOMPSON, E. P. (1963). *The Making of the English Working Class*, London, Gollancz.

—— (1971). "The moral economy of the English crowd in the eighteenth century", *Past and Present* 50: 76-136.

TORODOV, Tzvetan (1977). *Theories of the Symbol*, Oxford, Blackwell.

—— (1981). *Introduction to Politics*, Minneapolis, Minnesota University Press.

TURNER, Ralph, NIGG, Joanne M., e PAZ, Denise (1986). *Waiting for Disaster: Earthquake Watch in California*, Berkeley, California University Press.

TURNER, Victor (1969). *The Ritual Process*, London, Routledge and Kegan Paul.

VAN GENNEP, Arnold (1960). *The Rites of Passage*, London, Routledge and Kegan Paul.

WILLIAMS, Raymond, *Television: Technology and Cultural Form*, London, Fontana, 1974.

WINNICOTT, D. W. (1974). *Playing and Reality*, Harmondsworth, Penguin [ed. br. 1975: *O brincar e a realidade*, Porto Alegre, Imago].

WOLFE, Thomas (1971). *Of Time and the River*, Harmondsworth, Penguin.

YATES, Frances A. (1964). *Giordano Bruno and the Hermetic Tradition*, London, Routledge and Kegan Paul [ed. br. 1995: *Giordano Bruno e a tradição hermética*, São Paulo, Cultrix].

—— (1966). *The Art of Memory*, London, Routledge and Kegan Paul.

YOUNG, James E. (1990). *Writing and Rewriting the Holocaust: Narrative and the Consequences of Interpretation*, Bloomington, Indiana University Press.

—— (1993). *The Texture of Memory: Holocaust Memorials and Meaning*, New Haven, CT, Yale University Press.

ZELIZER, Barbie (1997). "Every once in a while: *Schindler's List* and the shaping of history", in Yosefa LOSHITSKY (org.)., *Spielberg's Holocaust: Critical Perspectives on Schindler's List*, Bloomington, Indiana University Press, pp. 18-40.

ZUCKER, Lynne (1986). "Production of trust: institutional sources of economic structure, 1840-1920).", in B. M. SHAW e L. L. CUMMINGS (eds.)., *Research in Organisational Behavior*, vol. 8, Greenwich, CT, JAI Press, pp. 53-111.

Índice remissivo

A

B

C

D

E

F

J

K

L

M

N

O

P

Q

R

S

Edições Loyola
Editoração, Impressão e Acabamento
Rua 1822, n. 347 • Ipiranga
04216-000 SÃO PAULO, SP
Tel.: (0**11) 6914-1922